Lothar Seiwert

Lothar Seiwert

Das neue Zeit-Alter

Warum es gut ist, dass wir immer älter werden

Mit einem Geleitwort von Pater Anselm Grün

»Durch das Buch führt Sie Tina Turtle.«

ARISTON α

Classic 95
Verlagsgruppe Random House FSC®-DEU-0100
Das für dieses Buch verwendete FSC®-zertifizierte Papier *Classic 95*
liefert Stora Enso, Finnland.

Bibliografische Information der Deutschen Bibliothek

Die Deutsche Bibliothek verzeichnet diese Publikation
in der Deutschen Nationalbibliografie; detaillierte bibliografische
Daten sind im Internet unter http://dnb.ddb.de abrufbar.

© 2014 Ariston Verlag in der Verlagsgruppe Random House GmbH
Alle Rechte vorbehalten

Redaktion: Stephanie Ehrenschwendner
Umschlaggestaltung und Motiv: Hauptmann & Kompanie, Zürich
Illustrationen: Wolfgang Pfau | www.pfau-design.de
Satz: Christiane Schuster | www.kapazunder.de
Druck und Bindung: GGP Media GmbH, Pößneck
Printed in Germany 2014

ISBN 978-3-424-20106-2

Durch das Buch führt Sie *Tina Turtle*. Warum gerade eine Schildkröte? Nun, der Grund dafür liegt nahe, schließlich sind viele von Tinas Vorfahren hochbetagt: Den Altersrekord hält Adwaita, eine Aldabra-Riesenschildkröte, die vermutlich 1750 (oder sogar noch früher, wie manche Quellen behaupten) auf den Seychellen geboren wurde und 2006 im Zoo von Kalkutta verstarb – im stolzen Alter von mindestens 256 Jahren!

Die Schildkröte spielt zudem in zahlreichen Mythen der Welt eine tragende Rolle: In Afrika wird sie für besonders klug gehalten. Die Indianer sehen in ihr Mutter Erde und schreiben ihr geheimnisvolle Kräfte zu. In China ist sie ein Symbol für Glück und Weisheit. In Japan steht sie für ein langes Leben und Unsterblichkeit. Und in Thailand verspricht sie darüber hinaus Gesundheit und Schutz.

Kraft der ihr zugesprochenen Langlebigkeit, Weisheit, Ruhe und Langsamkeit wie auch aufgrund ihres weltweiten Ansehens ist die Schildkröte eine ebenso kompetente wie charmante Begleiterin. Folgen Sie also Tina auf dem Weg in *»Das neue Zeit-Alter«*...

Älterwerden
ist die einzige Möglichkeit
zu überleben.

Inhalt

Zum Geleit: Pater Anselm Grün 8
Vorwort: Wer hat an der Uhr gedreht? 13

I. Teil: Demografie-Panik 21
    1. Die graue Republik 22
    2. Gerontophobie 48
    3. Krieg der Generationen 74

II. Teil: Die zweite Luft 95
    4. Warum Altwerden mehr ist
       als Fernsehgucken 96
    5. Eine reife Wirtschaft 124
    6. Wiedergeboren 146
    7. Kostbare Schätze 178
    8. Die Sinnstifter 204

Nachwort: Goldene Zeiten 226

Literatur: 232
Register: 236

Zum Geleit

Die Zeit und der Umgang mit der Zeit sind für Professor Dr. Lothar Seiwert zu zentralen Themen seiner Bücher und Seminare geworden. Jetzt schreibt er als einer, der die 60 überschritten hat, ein Buch über *Das neue Zeit-Alter*, mit dem provozierenden Untertitel: *Warum es gut ist, dass wir immer älter werden.*

Er schreibt das aus eigener Erfahrung. Es ist gut, wenn jeder von uns älter wird. Altwerden bedeutet nicht, dass wir nicht mehr gebraucht werden und uns ständig über unsere Altersbeschwerden beklagen. Altwerden bedeutet auch Reifwerden.

Der Herbst ist ein wunderbares Bild für das Älterwerden. Der Herbst ist die Zeit der Ernte. Im Alter fahren wir die Früchte ein, die andere Menschen genießen und an denen sie sich freuen dürfen. Und die Herbstfarben sind die buntesten Farben des Jahreskreises. So wird unser Leben immer bunter. Doch die Herbstfarben sind auch milde Farben. Die Milde des Alters ist in unserer immer härter werdenden Gesellschaft ein Segen. Mit dem milden Abendlicht auf das Leben zu schauen, anstatt alles im Scheinwerferlicht genau zu durchleuchten, tut uns persönlich gut. Es ist auch ein wichtiger Ausgleich für die bewertende und oft genug verurteilende Sichtweise, wie sie in unserer Gesellschaft üblich ist.

Professor Seiwert sieht den Segen des Älterwerdens für unsere Gesellschaft. Unsere Gesellschaft braucht alte Menschen, damit die Weisheit der Vergangenheit weitergegeben wird. Alte Menschen sind Brückenbauer. Wenn es Konflikte in der Tarifpolitik gibt, sucht man nach einem erfahrenen Menschen, der den Streit zu schlichten vermag. Ohne die vielen älteren Menschen, die sich ehrenamtlich für Kranke, Sterbende, Behinderte und viele andere Anliegen in unserer Gesellschaft engagieren, wäre unsere Welt kälter und härter. Diese Menschen, die mit ihrer Milde und ihrem Sinn für die Not anderer mitten unter uns leben, tun uns gut.

Damit das Altwerden für uns persönlich zum Segen wird und damit die Alten ein Segen für die Gesellschaft sind, braucht es jedoch eine neue Sicht auf das Altwerden. Diese neue Sicht zeigt uns Professor Seiwert in seinem neuen Buch auf. So wünsche ich den Lesern und Leserinnen dieses Buches, dass sie auf das eigene Altwerden mit milden Augen schauen und dass sie auch eine neue Sicht für die Rolle der Alten in unserer Gesellschaft bekommen. Die Kultur einer Gesellschaft hängt davon ab, wie wir die alten Menschen sehen und wie wir mit ihnen umgehen.

Möge dieses Buch dazu beitragen, dass in unserer Gesellschaft eine neue Kultur der Achtsamkeit und Gelassenheit entsteht.

Pater Dr. Anselm Grün OSB
www.anselm-gruen.de
Abtei Münsterschwarzach
www.abtei-muensterschwarzach.de

Pater Anselm Grün ist ein deutscher Benediktinerpater, Autor spiritueller Bücher, Referent zu spirituellen Themen, geistlicher Berater und Kursleiter für Meditation, Kontemplation, geistliches Leben etc. Mit über 18 Millionen verkauften Büchern ist er einer der meistgelesenen deutschen Autoren der Gegenwart. Seine Bücher wurden in mindestens 30 Sprachen übersetzt.

»Was soll die Frage?
Natürlich stimmt das!
Beim Rückenpanzer des großen
Christoph Kolumbus ...«

Vorwort:
Wer hat an der Uhr gedreht?

Eines Morgens im Herbst 2012 klingelte es an meiner Haustür. Ich wusste gleich: Die Post ist da!

Briefträger sind bei mir grundsätzlich immer gern gesehen. Vielleicht auch deshalb, weil sie mich an meine Jugend erinnern – in der ich selbst Postbote war. Ich bin heute beruflich sehr glücklich und erfolgreich, Leben und Arbeiten sind praktisch ein und dasselbe für mich. Aber die Zeit damals, täglich im Freien, ständig in Bewegung, von Briefkasten zu Briefkasten mein Revier durchstreifend, das war mit der beste Job meines Lebens.

Postboten und Paketlieferanten stehen bei mir natürlich auch deshalb hoch im Kurs, weil sie immer etwas für mich dabeihaben. Es ist praktisch jeden Tag Bescherung. Nachdem ich an jenem Oktobertag die hübsche Postbotin lachend mit einem Scherz verabschiedet und die Tür geschlossen hatte, begann ich mit dem Öffnen des Geschenks dieses Tages. Unter anderem hatte ich einen großen Brief der Stadt Heidelberg überreicht bekommen: einen farbig bedruckten Umschlag, aufwendig gestaltet. Auf der Rückseite waren eine stilisierte Straßenbahn, ein Nahverkehrszug und ein Bus abgebildet. In einem bunten Kreis stand: »Seit 20 Jahren.«

Hm, seit 20 Jahren was? Seit 20 Jahren öffentlicher Nahverkehr? Das konnte nicht sein. Die Eisenbahn dürfte schätzungsweise Mitte des 19. Jahrhunderts nach Heidelberg gekommen sein.

Aber welches 20-jährige Jubiläum wollte dieser Brief sonst feiern? Ich las weiter: »Karte ab 60. Viele Vergünstigungen exklusiv für *Karte-ab-60*-Kunden unter www.vrn.de …«

Gruppen ab 60 Personen? Das schien mir zu groß. Fahrkarten mit 60 Tagen Gültigkeit, also so etwas wie eine doppelte Monatskarte? Hm. Ich wendete den Brief. Auf der bunten Vorderseite stand: »Wir schenken Ihnen einen Monat Bus- und Bahnfahren!«

Oh, wie schön, ein Geschenk. Aber was hat das mit 20 Jahren zu tun? Und was hat es mit den »60-Kunden« auf sich?

Ich riss den Brief auf. Innen befand sich ein Rückumschlag mit dem Hinweis »Porto übernehmen wir für Sie«, ein Anschreiben und eine große Karte zum Aufklappen. Außen auf der Karte waren wieder die stilisierten Verkehrsmittel abgedruckt und darüber stand: »Karte-ab-60-Glückwunsch-Abo. Einfach ankommen.«

Offensichtlich war dieser Brief Teil einer Kampagne und bewarb ein Abo. Ich stolperte über den unfreiwillig komischen Slogan »Einfach ankommen«. Für mich ist »ankommen« schon immer der absolute Mindestanteil eines jeden Dienstleistungsprodukts im öffentlichen Verkehr, ob ich nun ins Taxi steige oder in die Bahn. Ein Verkehrsverbund, der das einfache Ankommen zum Slogan erhebt, hat wohl keine allzu großen Ziele.

Ich klappte die Karte auf. Innen war ein fiktives Streckennetz abgebildet, ein Netzplan, dessen Verbindungslinien die Silhouette einer Torte formten, auf der eine Kerze steckte. Die fiktiven Haltestationen trugen Namen wie »Ehrenplatz«, »Konfetti« oder »Jubiläum«. Ganz offensichtlich gab es also für den Heidelberger Verkehrsverbund etwas zu feiern.

War ich jetzt plötzlich einer von denen, für die man Seniorenteller auf die Speisekarte schreibt?

Darüber stand mit riesigen Lettern: »Herzlichen Glückwunsch!« Glückwunsch? Meinten die mich? Hatte ich in einer Lotterie gewonnen? Ich hatte doch an überhaupt keiner teilgenommen.

So langsam wurde ich stutzig. Mir dämmerte, um was es ging ... Als ich weiterlas, begann mein Blutdruck zu steigen: »Für frisch gebackene 60er! Sichern Sie sich ein großes Stück Mobilität: das Karte-ab-60-Glückwunsch-Abo!

Frisch gebackener 60er? In der Tat: Ich war 59 Jahre alt, und mein runder Geburtstag stand in über zwei Monaten bevor.

Ich überflog das Anschreiben: »Mit 60 fährt man besser ... Sie feiern in diesem Jahr Ihren 60. Geburtstag ... Fahren Sie einen Monat kostenlos ... Nach dem Gratismonat kostet die Karte ab 60 nur 34,20 Euro monatlich ... Bequem zum Schlemmen ins Elsass ... Wanderwege im Odenwald ... Zum Einkaufsbummel in die Stadt ...«

War es jetzt so weit? Schlug nun das Alter zu? War ich plötzlich einer von denen, für die man Seniorenteller auf die Speisekarte schreibt? Die einen moralischen Anspruch auf verminderte Eintrittspreise fürs Schwimmbad, fürs Museum oder fürs Stadion haben? Einer von denen, die zum »Autowandern« mit dem Seniorenbus ins Elsass fahren, um den lieben langen Tag mit Rumsitzen, Spazierengehen und Essen totzuschlagen?

Gehörte ich jetzt zum alten Eisen?

Und seit wann gratulierte man zwei Monate im Voraus zum Geburtstag? Und was hatte die Stadt Heidelberg damit zu schaffen, dass ich zufällig 60 Jahre alt wurde?

Ich soll alt sein? Ja, sind die denn verrückt!

Ich pfefferte den Brief auf den Tisch. Was für eine Beleidigung! Wenn ich eines wusste, wenn es eines gab, das ich mir schwor: Niemals, nie in meinem ganzen restlichen Leben würde ich auch nur ein einziges Mal in einem Restaurant einen Seniorenteller bestellen! Niemals würde ich ein ermäßigtes Ticket in Anspruch nehmen. Niemals würde ich verlangen, in irgendeiner Weise mitleidsvoll bevorzugt zu werden gegenüber den jungen, tatkräftigen, »echten« Erwachsenen.

In unserer Gesellschaft gibt es offenbar drei Gruppen: erstens Kinder und Jugendliche, zweitens Erwachsene und drittens Alte. Die Trennlinie zwischen den ersten beiden Gruppen verläuft ungefähr bei den 20-Jährigen, die Trennlinie zwischen den letzten beiden offenbar bei den 60-Jährigen. Das wurde mir mit diesem Brief schlagartig klar.

Aber es fühlte sich so falsch an! Ich sollte alt sein? Ja, waren die denn verrückt?

◻ ◻ ◻

An jenem Tag im Oktober 2012 reifte in mir die Idee zu diesem Buch.

Ich gelte als Experte für die Zeit und den Umgang damit. Da kann es mich nicht kaltlassen, wenn sich die Zeiten ändern. Und die Zeiten ändern sich gravierend – aus zwei Perspektiven betrachtet:

Perspektive Nummer eins: Die Zeiten ändern sich aus der individuellen Sicht für jeden Einzelnen, der »in die Jahre« kommt. Das Leben fühlt sich anders an, die Menschen um einen herum ändern ihren Umgang mit einem, man wird plötzlich anders gesehen und behandelt. Aus dem Berufstätigen wird der Ruheständler. Aus dem fitten Problemlöser wird der träge Problemverursacher. Aus der attraktiven Frau wird die nette Oma. Aus dem Rentenkassenbeitragszahler wird der Rentenkasseninanspruchnehmer ...

Dieser persönlich erlebte Wandel ist nicht einfach. Nein, er ist sehr schwer, bisweilen hart und grausam. Altern ist nichts Schönes. Jedenfalls sehen das die meisten Menschen so. Wer altert schon gerne?

Aber ist das wirklich angemessen? Haben wir ein realistisches Bild davon, wie wir alt werden?

Perspektive Nummer zwei: Die Zeiten ändern sich für unsere ganze Gesellschaft. Bei der näheren Beschäftigung mit dem, was gemeinhin mit dem abstrakten und dadurch distanzierten Begriff »demografischer Wandel« bezeichnet wird, ist mir erst so richtig klar geworden, welcher gesellschaftlichen Revolution wir gegenüberstehen, wie umwälzend die Veränderungen in unserer Bevölkerungsstruktur sind, wie groß die Herausforderungen für uns alle, für die Politik, die sozialen Systeme, die Infrastruktur, die Wirtschaft und die ganze Arbeitswelt.

> Uns ist nicht wirklich klar,
> welche Konsequenzen
> das Älterwerden hat.
> Wir sind nicht darauf vorbereitet.

Ganz ehrlich: Ich war verblüfft, nein, schockiert. Die einzelnen Fakten kannte ich zum größten Teil aus Presse und Fernsehen, aber als ich mich damit beschäftigte zu verstehen, wie die einzelnen Fakten miteinander in Wechselwirkung standen und sich gegenseitig im negativen Sinne verstärkten, wurde mir angst und bange. Ich dachte, ich sei gut informiert, doch in Wahrheit war mir überhaupt nicht klar, welcher Tsunami da auf uns zurollte. Und ich bin sicher, den meisten meiner Leser geht es genauso.

Das Schlimmste daran ist die im historischen Kontext rasende Geschwindigkeit, kombiniert mit den gewaltigen Ausmaßen der Veränderungen. Wir sind eine Gesellschaft, die nicht nur immer älter, sondern gerade schlagartig steinalt wird. Jahrzehntelang war die Rede vom »demografischen Wandel« – jetzt ist er da! Und die Folgen, die uns nun bevorstehen, sind desaströs.

Aber ist dieses Bild von einer demografischen Katastrophe wirklich richtig? Ist es tatsächlich nur negativ zu sehen, dass wir immer älter werden?

Je mehr ich mich in das Thema aus diesen zwei Perspektiven vertiefte, desto drängender wurde für mich die Frage: Sind wir auf die massiven Auswirkungen der Altersstruktur der Bevölkerung in angemessener Weise vorbereitet? Meine Antwort lautet: Nein. Wir alle sind es nicht! Uns ist nicht wirklich klar, welche Konsequenzen das Älterwerden hat – für das Individuum und für die Gesellschaft als Ganzes. Wir sind nicht darauf vorbereitet.

> Eine weißhaarige Gesellschaft von Ziellosen, die ihre Zeit vor dem Fernseher, in Sprechstundenzimmern und in Pflegeheimen verbringt, ist keine überlebensfähige Option.

Mir ist aber auch klar geworden, dass der größte Teil der Probleme, die wir durch das Älterwerden bekommen, etwas mit unserer Einstellung zu tun hat. Mit der inneren Haltung, die wir als Individuen gegenüber alten Menschen oder unserem eigenen Alter haben. Und zum anderen die Kultur, die unsere Gesellschaft insgesamt im Umgang mit dem Alter lebt.

Wie wir mit dem Alter umgehen – darin liegt der Schlüssel für unsere Zukunft. Denn eine weißhaarige Gesellschaft von Ziellosen, die ihre Zeit vor dem Fernseher, in Sprechstundenzimmern und in Pflegeheimen verbringt, gefüttert und versorgt von ausländischen Pflegekräften und Servicepersonal, die das Kapital aufbrauchen, das wir seit dem Wirtschaftswunder zusammengespart haben, das ist keine überlebensfähige Option.

Während der Recherche und der Arbeit an diesem Buch ist mir nach und nach bewusst geworden, dass wir alle ein sehr merkwürdiges Bild vom Alter im Kopf mit uns herumtragen. Wenn wir allerdings die Perspektive auf das Alter ändern, dann verblassen plötzlich die Probleme, und neue Chancen werden sichtbar. Erstaunlich! Mir wurde klar, wie verrückt es im Grunde ist, dass wir über Zehntausende von Jahren versucht haben, zu überleben und alt zu werden – und dass wir just in dem Moment, wo wir damit endlich Erfolg haben, das Alter plötzlich nicht mehr erstrebenswert finden.

Als mich die Stadt Heidelberg so taktlos im Club der Alten willkommen geheißen hatte, war ich maßlos sauer. Na klar, ich wollte die Alterszeit weiter verdrängen und wegschauen, der Brief war ein Affront in meinen Augen, weil er mich zwang, mich mit der Realität zu beschäftigen. Zuerst war das ein Schock. Aber je mehr ich über das Alter nachdachte, desto mehr hellte sich überraschenderweise meine Laune auf. Heute weiß ich: Die besten Jahre kommen erst!

Und damit meine ich nicht nur meine eigenen besten Jahre. Nein, ich meine auch Ihre besten Jahre und die besten Jahre für unsere Gesellschaft. Ich bin davon überzeugt, dass die Welle der Alten, die gerade über uns hinwegzuschwappen beginnt, uns allen guttun wird. Wenn wir es schaffen, eine vernünftige Einstellung zum Alter zu finden, stehen uns goldene Jahre bevor. Aber einen Seniorenteller werde ich trotzdem niemals bestellen …

»… und wieder eine Woche lang nur Seniorenteller!!!«

I. Teil:
Demografie-Panik

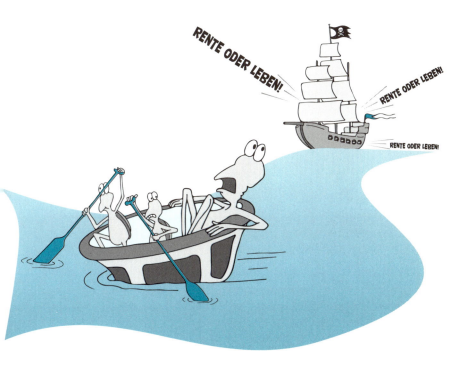

»Rudert schneller Kinder! Sie holen auf!«

Kapitel 1:
Die graue Republik

Urgroßmutter freute sich. Sie saß im Lehnstuhl und beobachtete die Kinderschar, die sich um den Christbaum drängte. Es war Bescherung. Ihre Tochter, die Oma der Jüngsten, half den Kindern beim Auspacken. Im Hintergrund stand der stolze Familienvater. Seine Frau kümmerte sich derweil um den Tisch und trug das Essen auf. Ihr jüngerer Bruder öffnete den Wein. Die Schwägerin hantierte in der Küche.

Da läutete es an der Tür. Die jungen Nachbarn mit ihren Kindern schauten herein. Ein großes Hallo! Jetzt waren insgesamt 14 Babys, Kinder und Jugendliche unter 21 Jahren im Haus. Einer der Jungen hatte einen Fußball geschenkt bekommen und stürmte damit auf den dunklen Hof ins Schneetreiben, die anderen Jungs johlend hinterher. Alle lachten, und die Mütter der Jungs liefen mit Pullis, Jacken und Mänteln nach draußen, damit sich die Kinder etwas überzogen und sich im Eifer des Gefechts nicht erkälteten.

Mittendrin im Wohnzimmer stand der Christbaum, eine wunderschöne Tanne, die der Familienvater zusammen mit seinem ältesten Sohn im Wald ausgesucht und geschlagen hatte: unten breit und ausladend, oben spitz und schmal zulaufend, in der Mitte einige Lücken und Zacken. Es war Weihnachten 1955 irgendwo in Deutschland.

◻ ◻ ◻

Knapp 60 Jahre später steht das Elternhaus immer noch. Der Junge, der damals den Fußball geschenkt bekommen hatte, hat das Haus irgendwann geerbt. Er ist heute Rentner und lebt mit seiner Frau alleine darin. Die Weihnachtsfeier in diesem Jahr läuft anders ab als in den 1950ern. Natürlich. Es sind aber beinahe genauso viele Menschen wie damals im Haus.

Die Kinder und Babys von einst sind heute Großeltern. Sie leben fast alle noch. Auch ihre Eltern, Onkel und Tanten sind größtenteils noch da, mittlerweile hochbetagt, zum Teil deutlich über 90 Jahre alt. Sie leben in Pflegeheimen oder im betreuten Wohnen. Heute, zu Weihnachten, hat die Familie einige von ihnen abgeholt. Das Fest ist mittlerweile vor allem ein großes Geschwistertreffen. Das ganze Haus ist voll von Menschen über 65. Na doch, eine Tochter ist auch da. Sie ist Ende 30, Alleinerziehende und hat ihre kleine Tochter mit dabei. Zum Vater des Mädchens, einem Marokkaner, hat die Familie keinen Kontakt mehr. Das Kind hat einen Nintendo geschenkt bekommen und beschäftigt sich damit am Boden sitzend.

Das Motto des Senders lautet: Mir geht's gold! Und das scheint genau das Lebensgefühl der Menschen zu treffen.

Der große Bruder der Alleinerziehenden konnte dieses Jahr leider nicht kommen. Er lebt mit seiner Frau in Shenzhen in China, wo ihm seine Firma, ein multinationaler Konzern, einen hoch spannenden und gut bezahlten Arbeitsplatz in der Forschung angeboten hat. Seine Eltern freuen sich für ihn. Aber sie vermissen ihn an diesem Weihnachtsfest.

Geschenke gibt es kaum welche. Bescherung ist doch eher was für Kinder. Schön ist es an Weihnachten trotzdem. Es gibt ein feines Essen, und man freut sich, mal wieder zusammen zu sein. »So jung kommen wir nicht mehr zusammen!«, scherzt einer der Weißhaarigen und lacht laut über seinen Witz – wie jedes Jahr.

Die Gespräche drehen sich um das Fernsehprogramm. Sat.1 hat einen neuen Spartensender eröffnet. Unter SAT.1 Gold sendet der Privatkanal ein ausgetüfteltes Programm für die »Best Ager« – und das heißt konkret: Frauen zwischen 49 und 64 Jahren. Gesendet werden ausschließlich deutsche Produktionen, das meiste davon aus dem Archiv. Wiedersehen macht eben Freude. Das Motto des Senders lautet: »Mir geht's gold!«

Und das scheint genau das Lebensgefühl der Menschen zu treffen, die sich hier um den Esstisch an Weihnachten versammelt haben. Dieser in die Jahre gekommenen Familie geht es offenbar blendend. Es wird ausgiebig gelacht, gegessen und getrunken. Diese Generation ist die wohlhabendste und am besten abgesicherte Generation aller Zeiten in Deutschland. Kein Einziger der Anwesenden muss arbeiten gehen. Und trotzdem geht es allen finanziell gut. Außerdem zählen sie zu den fittesten 60- und 70-Jährigen, die es jemals gab.

Im Hintergrund steht ein ziemlich zerrupfter Weihnachtsbaum, dem vor allem unten die ausladenden Äste fehlen. Ein paar kahle Zweige und nur wenige Nadeln lassen ihn mehr wie die Karikatur eines Weihnachtsbaums aussehen. Oben ist er dafür ziemlich dicht und breit. Er wirkt irgendwie ziemlich unproportioniert. Der Schwerpunkt ist viel zu weit oben, er sieht aus, als ob er gleich umfällt. Es war der letzte, der noch übrig war und den keiner mehr wollte. So ist es eben, wenn man zu spät kommt.

Run auf die Rente

Sie haben es erraten, die Weihnachtsbäume in diesen beiden Szenen stehen für den sogenannten demografischen Wandel in

Deutschland. Konkret: Sie symbolisieren die sogenannte Alterspyramide, die heute schon keine Pyramide mehr ist, sondern eine merkwürdige »Urnenform« angenommen hat. Und das wird sich in den nächsten Jahrzehnten noch verstärken, bis die ehemalige Pyramide eher an die Silhouette eines Dönerspießes am späten Nachmittag erinnert.

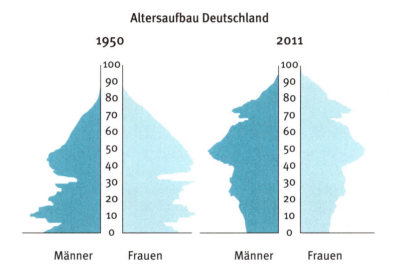

Der Begriff Babyboomer geht uns zum einen Ohr rein und zum anderen wieder hinaus.

Während früher der normale, ideale Altersaufbau einer Gesellschaft auf einer starken jüngeren Generation beruhte und nach oben hin mit zunehmendem Lebensalter immer dünner wurde, schiebt sich heute ein dicker Bauch von nach dem Zweiten Weltkrieg geborenen *Babyboomern* in Richtung oberes Drittel. Und darunter kommt nicht mehr viel nach.

So weit, so gut. Ich nehme an, Sie wissen das mit der Alterspyramide und dem Dönerspieß – irgendwie haben wir das ja alles schon mal gehört. Aber gerade weil ständig davon die Rede ist, weil wir das Schlagwort »demografischer Wandel« schon nicht mehr hören können, weil der Begriff Babyboomer für uns nur eine rein theoretische, abstrakte Bedeutung hat, gehen uns die bekannten Fakten zum einen Ohr rein und zum anderen wieder hinaus.

Das Gemeine an unserer Situation ist: Gefühlt ändert sich gar nichts. Die Geschwindigkeit der Veränderungen liegt unterhalb unserer Wahrnehmungsschwelle. Es ist ganz ähnlich wie bei dem Effekt, den Großeltern kennen, wenn sie ihre Enkel eine Weile nicht mehr gesehen haben. Sie erschrecken beinahe und sagen: »Du bist aber groß geworden!« Worauf die Enkel genervt die Augen verdrehen (und insgeheim doch ein wenig stolz sind). Sehen Oma und Opa ihre Enkel hingegen wöchentlich, bemerken sie deren rasantes Wachstum gar nicht.

Was passiert da eigentlich gerade? Und wie schlimm ist es wirklich?

Aus diesem Grund gehen uns all die Nachrichten rund ums Älterwerden unserer Gesellschaft überhaupt nicht nahe. Sie langweilen eher mit der Zeit. Was wir brauchen, ist eine Art Zeitraffer oder Weitwinkel, damit wir eine vernünftige Einschätzung und ein Gefühl dafür bekommen, was gerade passiert, wie wichtig das ist und wie wir uns dazu stellen.

- In diesem *ersten Teil des Buches* trage ich darum alle für Sie wichtigen Befunde zusammen, um Ihnen durch den Überblick und die Zusammenschau eine vernünftige Diagnose zu ermöglichen: Was passiert da eigentlich gerade? Und wie schlimm ist es wirklich?
- Im *zweiten Teil des Buches* beschreibe ich, wie ich mich dazu stelle und wo ich Lösungen sehe. Aber zunächst übe ich mich, das gebe ich gerne zu, in Schwarzmalerei. Los geht's.

Das Schlimmste zuerst: Der kritische Faktor, der das Fass zum Überlaufen bringen wird, sind die Babyboomer. Der Babyboom war die Zeit erhöhter Geburtenraten, die es in allen Staaten gab, die am Zweiten Weltkrieg beteiligt waren. In Deutschland dauerte diese Phase ungefähr von Mitte der 1950er-Jahre bis Mitte der 1960er-Jahre. 1964 war der stärkste Jahrgang aller Zeiten. Gemeinsam mit Jürgen Klinsmann, Frauke Ludowig, Hape Kerkeling und Martina Gedeck kamen in diesem Jahr laut statistischem Bundesamt weitere 1.357.300 Deutsche auf die Welt.

Seit dem Babyboom bekam die deutsche Bevölkerung nie wieder genügend Kinder, um sich auf Dauer selbst zu erhalten.

Wahr ist: Wenn so viele Menschen demnächst Rentner werden, braucht es viele Menschen, die jünger sind, um die Rente zu finanzieren. Doch leider ist genauso wahr: Das hat nicht geklappt. In der zweiten Hälfte der 1960er-Jahre fiel die Geburtenkurve in Deutschland jäh ab – der sogenannte *Pillenknick*. Woran auch immer es lag, ob an der Verfügbarkeit von einfacher Empfängnisverhütung oder an den damit einhergehenden Veränderungen in den Moralvorstellungen der Gesellschaft. Ob die Frauenbewegung daran »schuld« war oder der steigende Wohlstand der Menschen. Ob an den wenigen Geburten und der hohen Kindersterblichkeit im Krieg, sodass es in den 1960er-Jahren gar nicht genügend Eltern im richtigen Alter gab. Oder am Zusammenspiel all dieser Faktoren. Tatsache ist, dass die deutsche Bevölkerung seit dem Babyboom nie wieder genügend Kinder bekam, um sich auf Dauer selbst zu erhalten.

Immer weniger Kinder bringen immer weniger Kinder zur Welt, was die nachfolgenden Generationen ständig kleiner werden lässt. Eine Abwärtsspirale. Gleichzeitig werden die mit Abstand stärksten Jahrgänge – eben die Babyboomer – älter, sie sind derzeit ungefähr zwischen 50 und 65 Jahre alt. Die Ersten von ihnen gehen also gerade in Rente. Dieser sich nach oben verschiebende und von unten kaum gestützte statistische »Bauch« von Menschen arbeitet sich ab sofort unaufhaltsam in die »Rentenzone« vor.

> In den nächsten zwei Jahrzehnten,
> ab jetzt gerechnet, tritt ein riesiger Anteil
> unserer Gesellschaft innerhalb von nur
> wenigen Jahren vom Berufsleben in
> den Ruhestand über. __

Bislang haben wir immer theoretisch von den Konsequenzen dieser Verschiebungen und Veränderungen der Altersstruktur in unserem Land geredet. Jetzt folgt die Praxis, jetzt wird es wahr, jetzt fängt der Wahnsinn tatsächlich an.

Ob nun Rente ab 63, 65 oder ab 67, das macht nur einen graduellen Unterschied. Feststeht: In den nächsten zwei Jahrzehnten, ab jetzt gerechnet, tritt ein riesiger Anteil unserer Gesellschaft innerhalb von nur wenigen Jahren vom Berufsleben in den Ruhestand über. Damit erhöht sich schlagartig die Zahl der Rentner drastisch – während die Zahl der Erwerbstätigen signifikant zurückgeht Und das passt leider wirtschaftlich, finanziell und sozial überhaupt nicht zusammen.

> Ein hohes Durchschnittsalter ist also
> ein Zeichen von Wohlstand. __

Bevölkerungsentwicklung in der Bundesrepublik Deutschland

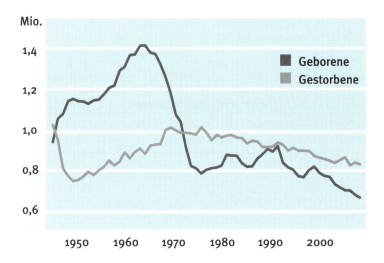

Aber das ist noch nicht alles. Parallel zu dieser demografischen Keule, die gerade auf uns niedergeht, gibt es weitere Entwicklungen, die die Lage zusätzlich verschärfen. Wenn wir davon sprechen, dass wir »immer älter werden«, dann meinen wir damit eigentlich zwei verschiedene Dinge gleichzeitig. Zum einen, dass sich das Durchschnittsalter der Bevölkerung erhöht. Weniger Junge versus mehr Ältere, das ergibt einen älteren Schnitt. Und das gilt für jede Gemeinde, für jeden Verein, für jedes Unternehmen, für jedes Bundesland und für das ganze Land.

Das ist gar kein rein deutsches Phänomen: Das Durchschnittsalter der Menschen ist in den letzten Jahrzehnten auf der ganzen Welt gestiegen, und zwar kontinuierlich. Warum? Wegen des medizinischen Fortschritts und der immer besseren Ernährungslage auf der Welt. Das kommt vom weltweiten Wirtschaftswachstum der letzten Jahrzehnte, das Milliarden von Menschen aus der Armut geholt hat. Nicht Spendenaktionen, Betroffenheit oder die Vereinten Nationen haben die Not auf dieser Welt deutlich gesenkt, sondern die freie Wissenschaft und die freie Marktwirtschaft. Das muss mal gesagt sein!

Ein Nebeneffekt dieser wunderbaren, positiven Entwicklung ist aber, dass wir mit wesentlich mehr alten Menschen klarkommen müssen, die immer älter werden. Vor ungefähr 60 Jahren lag das weltweite Durchschnittsalter bei nur 23,9 Jahren! Jetzt geht es Homo sapiens deutlich besser, und darum ist das Durchschnittsalter mittlerweile auf über 28 Jahre gestiegen. In Europa auf 39 Jahre. Die drei Länder mit dem höchsten Durchschnittsalter der Welt, das bei über 42 Jahren liegt, sind Japan, Italien und – Deutschland.

Wir sind die Versuchskaninchen der Menschheit.

Ein hohes Durchschnittsalter ist also ein Zeichen von Wohlstand. So alt wie heute war die Menschheit noch nie, und noch nie ging es ihr so gut. Das ist die positive Sichtweise. Die Frage ist nur, ob dieser Wohlstand nachhaltig ist – ob eine ältere Bevölkerung sich genauso gut versorgen kann wie eine jüngere. Ob das gut geht, ist ein weltweites Experiment, das der Mensch gerade an sich selbst durchführt. Das Resultat dieses Selbstversuchs wird zuerst in den Weltgegenden sichtbar werden, die am weitesten entwickelt sind, also den höchsten Wohlstand aufweisen und die älteste Bevölkerung haben: bei uns in Deutschland!

Das heißt nichts anderes als: Wir sind die Versuchskaninchen der Menschheit. Der Experimentator macht das nicht bewusst und absichtlich, er hat keine Unbedenklichkeitserklärung unterzeichnet. Und wir, die Labormäuse, sind uns unserer Situation ebenfalls nicht bewusst, wir haben ebenso wenig eine Einwilligungserklärung unterschrieben. Wir wissen auch nicht, wie das Experiment ausgehen wird. Es gibt keine Parallele in der Geschichte der Menschheit: Die rasend schnelle Alterung einer ganzen Gesellschaft, so etwas gab es noch nie zuvor.

Wir werden aber nicht nur im Durchschnitt immer älter. Die zweite Bedeutung von »immer älter werden« ist das Ansteigen der Lebenserwartung. Das ist noch mal etwas ganz anderes als das Durchschnittsalter, obwohl beides oft in einen Topf geworfen wird. Die Lebenserwartung ist die statistisch zu erwartende Zeitspanne, die einem Menschen von einem Berechnungszeitpunkt an bis zu seinem Tod verbleibt.

Die Lebenserwartung steigt weltweit, auch in Deutschland. Statistisch gesehen haben Frauen hierzulande eine durchschnittliche Lebensspanne von über 82 Jahren, Männer von über 77 Jahren. So weit, so gut. So ähnlich haben wir das auch schon in unserer Schulzeit gehört.

Der häufigste Fehler in der Interpretation dieser Größe besteht darin, dass wir glauben, diese Lebenserwartung bliebe im Laufe eines Lebens konstant. In Wahrheit erhöht sich aber die durchschnittliche Lebenserwartung jedes Menschen mit zunehmendem Alter. Und zwar drastisch! Heute leben in Deutschland ungefähr 17.000 Hundertjährige, also Menschen, die älter sind als 99. Diese Zahl wird in den nächsten Jahrzehnten massiv ansteigen und in die Millionen gehen.

Über 100 Jahre alt zu werden ist statistisch gesehen absolut realistisch!

Wer heute 65 Jahre alt ist und sich damit beschäftigt, was er künftig mit seinem Leben nach dem bevorstehenden Übertritt ins Rentenalter anfangen möchte, der denkt realistischerweise über einen Zeitraum von durchschnittlich 25 Jahren nach. Für Frauen sind es sogar knapp 30 Jahre. Das ist noch mal ein kompletter Lebensabschnitt! Denn nach den Sterbetafeln des Statistischen Bundesamts haben heute lebende 65-Jährige eine durchschnittliche Lebenserwartung von 94 Jahren bei Frauen und 90 Jahren bei Männern.

Weitere Überraschungen hält die Statistik für die heutigen Kinder und Jugendlichen sowie die jungen Männer und Frauen unter 30 parat: Über 100 Jahre alt zu werden ist statistisch gesehen absolut realistisch!

Und diese überraschend hohen Lebensalter, die uns bevorstehen, basieren allesamt auf dem gegenwärtigen Stand der Medizin. Dabei ist durchaus zu erwarten, dass die Wissenschaft in den nächsten Jahrzehnten große Fortschritte in der Behandlung von chronischen Krankheiten erzielen wird. Damit rücken Lebensalter von bis zu 120 Jahren für einen großen Teil der Bevölkerung in realistische Reichweite. Und das heißt nichts anderes, als dass mit 60 Jahren künftig lediglich Halbzeit ist!

> **Du solltest dir gründlich überlegen, was du dir noch vornimmst, denn in 20, 30, 40 Jahren kannst du noch Welten bewegen!**

Halbzeit! Das gilt auch für mich. Gut, ich spiele schon ein wenig in der zweiten Halbzeit, da bin ich Realist. Aber ich gebe zu: Mit meiner persönlichen Einstellung zum Alter stimmt das absolut nicht überein. Im Alltag fühle ich mich jung und vital. Die meisten Menschen, mit denen ich zu tun habe, sind aber jünger als ich. Im Kontrast dazu zähle ich mich intuitiv zu den Alten (und wehre mich gleichzeitig dagegen). Wenn ich mir nun vorstelle, dass ich fast noch mal genauso lange leben könnte, wie ich bisher gelebt habe, dass ich in dieser zweiten Halbzeit noch mal genauso viele Tore schießen könnte wie in der ersten, dann verblüfft mich das völlig. Denn ich habe, wenn ich ganz ehrlich bin, bisweilen eine ganz ordentliche Torschlusspanik. Meine Wahrnehmung – und vermutlich auch die meiner Umgebung – ist: Viel kann da nicht mehr kommen, ich muss mich beeilen, um überhaupt noch was zustande zu bringen.

Und jetzt lerne ich: Du solltest dir gründlich überlegen, was du dir noch vornimmst, denn in 20, 30, 40 Jahren kannst du noch Welten bewegen!

Wow.

Aber dann denke ich: Ne, Lothar, jetzt lügst du dir in die Tasche. Du glaubst doch wohl nicht, dass du im siebten Lebensjahrzehnt genauso produktiv bist wie im vierten?

So wie es mir persönlich geht, so geht es uns allen als Gesellschaft: Wir sind verunsichert, was das alles bedeutet. Und da hilft nur eines: Besser verstehen, was gerade passiert.

Der wohlverdiente Ruhestand

Verstehen können wir das alles nur durch eine Zusammenschau: Die demografische Revolution, die wir gerade erleben, ist das Ergebnis von drei einander überlagernden Wellen, die sich aufaddieren:

- Erstens der *Rückgang der Geburtenzahlen*, die heute so niedrig sind wie nie zuvor in der Menschheitsgeschichte.
- Zweitens die *zunehmende Lebenserwartung*, die so hoch ist wie nie zuvor in der Menschheitsgeschichte.
- Drittens das *Aufrücken der Alterskohorte der Babyboomer* vom Erwerbstätigen- ins Rentenalter. Ein Phänomen, dass es noch nie zuvor in der Menschheitsgeschichte gegeben hat.

Glauben Sie keinem Politiker oder Journalisten, der etwas anderes erzählt, denn es ist eine ganz einfache Rechenaufgabe.

Der wesentliche Effekt dieser teuflischen Kombination von nie da gewesenen Faktoren ist folgender: In den 1950er-Jahren, also in der Zeit, als das deutsche Rentensystem von der Kapitalstockfinanzierung auf die Umlagefinanzierung umgestellt wurde, versorgten rund sechs erwerbstätige Rentenbeitragszahler einen Rentner. Das Verhältnis war deshalb so günstig, weil die Rentner ihren wohlverdienten Ruhestand in der Regel nicht besonders lange genießen konnten: Die durchschnittliche Rentenbezugsdauer lag bei unter zehn Jahren.

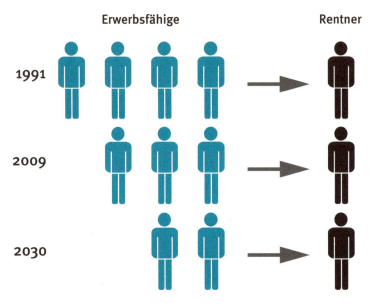

Heute »teilen« sich bereits nur noch drei sozialversicherungspflichtige Arbeitnehmer einen Rentner, denn die durchschnittliche Rentenbezugsdauer hat sich trotz der vorübergehenden Einführung der Rente mit 67 weiter erhöht und geht derzeit auf die 20 Jahre zu, Tendenz stark steigend.

So richtig extrem wird dieses Verhältnis dann werden, wenn die geburtenstarken Jahrgänge zwischen 1955 und 1965 in Rente gehen. Schon in 20 Jahren wird jeder Dritte über 65 sein. Das Verhältnis von Rentenbeitragszahler und Rentenbezieher nähert sich damit im Laufe der nächsten Jahrzehnte zwangsläufig immer mehr dem Verhältnis 1:1 an. Und das bedeutet: Die Beiträge für die Erwerbstätigen explodieren, und die Renten schrumpfen gleichzeitig zusammen.

Glauben Sie keinem Politiker oder Journalisten, der etwas anderes erzählt, denn es ist eine ganz einfache Rechenaufgabe: Sowohl die Alten als auch die Jungen geraten ab sofort unter erheblichen finanziellen Druck. Die Jungen müssen mehr Geld hergeben, um die Alten zu finanzieren, aber es reicht trotzdem nicht, um den Alten den Lebensstandard von heute zu erhalten. Alle werden ärmer.

Außerdem nimmt der Druck auf die Politik immens zu, das Renteneintrittsalter weiter zu erhöhen. Das klingt verrückt, denn gerade erst hat ja die neue Regierung Merkel das Renteneintrittsalter wieder herabgesetzt, das die alte Regierung Merkel angehoben hatte. Aber es ist so.

Wir erleben einen Konter der deutschen Geschichte: Die Rentner sind im Ballbesitz und stürmen auf das Tor zu, die Verteidigung ist machtlos.

»Hoffentlich trifft er wenigstens das Tor!«

Und selbst wenn all das passiert, wenn der Rentenbeitrag bis 2030 auf über 25 Prozent steigt und die Rente sich immer weiter dem Existenzminimum annähert, wenn die Menschen mit über 70 noch weiterarbeiten müssen, beißt sich die Katze früher oder später doch in den Schwanz: Wer immer mehr Rentenbeitrag für andere zahlen muss, hat dadurch immer weniger Geld für die eigene private Altersvorsorge übrig. Die Wahrscheinlichkeit, im

Alter nicht ausreichend versorgt zu sein, wird immer größer. Und der Unmut der Beitragszahler wächst im gleichen Maße wie der der Rentner. Alle werden ärmer. Viele geraten in Not. Die Zahlen lügen nicht. Die Folge: Der soziale Frieden wird ab einem Zeitpunkt, den wir noch nicht genau kennen, aufgekündigt und der Krieg der durstigen Generationen um die letzten Wasserlöcher ausbrechen. Dazu später mehr ...

»Eins ist sicher ...«, sagte einst Norbert Blüm im Wahlkampf. Er meinte damals die Rente. Was aber in Wahrheit sicher ist: Das umlagefinanzierte Rentenversicherungsmodell, das Bundeskanzler Konrad Adenauer 1957 gegen den Expertenrat und gegen den Widerstand von Wirtschaftsminister Ludwig Erhard durchgedrückt hatte, um die Bundestagswahl zu gewinnen, ist nicht haltbar, rettbar oder reformierbar. Wir erleben einen Konter der deutschen Geschichte: Die Rentner sind im Ballbesitz und stürmen überfallartig und in Überzahl auf das Tor zu, die Verteidigung ist machtlos, der Rückstand ist nicht zu verhindern.

Eines muss trotzdem gesagt werden: Die bundesrepublikanische Rente hat in den 1960er-Jahren der Altersarmut ein Ende gemacht und mitgeholfen, den sozialen Frieden in unserem Land zu sichern und zu vergrößern. Aber nur für ein paar Jahrzehnte. Heute funktioniert sie bereits nicht mehr und wird früher oder später kollabieren.

> Würden sich nicht so viele alte Menschen schämen, zum Sozialamt zu gehen, wäre die dramatische Lage vermutlich noch viel offenkundiger.

Schon heute hat unterschiedlichen Umfragen zufolge über ein Drittel der Bevölkerung Angst vor Altersarmut. Völlig zu Recht! Fast eine Million Rentner sind bereits jetzt auf zusätzliche staatliche, also steuerfinanzierte Transfers – die sogenannte »Grundsicherung« – angewiesen, weil ihre Rente nicht mehr ausreicht, um ihren Lebensunterhalt zu bestreiten. Die größte Gruppe der Grundsicherungsempfänger sind also die Rentner. Würden sich nicht so viele alte Menschen schämen, zum Sozialamt zu gehen, wäre die dramatische Lage vermutlich noch viel offenkundiger.

In Deutschland kommt erschwerend hinzu, dass unsere Senioren viel krasser finanziell von den staatlichen Rentenbezügen abhängig sind als die ältere Generation in anderen Ländern. Der Grund ist ganz einfach: Die Menschen in Spanien oder Italien beispielsweise sind in der Breite viel vermögender als die Deutschen. Das mag Sie überraschen. Tatsache ist: Das Vermögen eines spanischen Haushalts beträgt laut einer Berechnung der Bundesbank im statistischen Mittel 178.300 Euro netto, in Italien liegt das Haushaltsvermögen bei 163.900 Euro – das Vermögen eines deutschen Haushalts liegt bei 51.400 Euro. Das ist über zwei Drittel weniger! Weniger als die Hälfte der deutschen Haushalte ist Eigentümer einer Immobilie. Im Gegensatz zu acht von zehn Spaniern, die mietsparend im eigenen Haus oder in der eigenen Wohnung leben. Wenn dann im Alter die Rente knapp wird, gibt es für die Deutschen viel weniger Möglichkeiten, ihr verbliebenes Kapital aufzuzehren. Denn wo nichts ist ... Die über 85-Jährigen sind finanziell etwa so gestellt wie ein Berufsanfänger Mitte 20 – mit dem Unterschied, das ein Twen arbeiten gehen kann.

Wofür wir so gar kein Gefühl haben, sind dynamische Entwicklungen über die Zeit!

Was sich viele Kommentatoren und Politiker wohl nicht klarmachen: Die Lage der Rentenversicherung beziehungsweise der finanziellen Absicherung im Alter ist mit den alarmierenden aktuellen statistischen Zahlen, Daten und Fakten noch nicht einmal ausreichend beschrieben. Denn die Fakten ändern sich rapide, und zwar nicht zum Besseren! Wofür wir so gar kein Gefühl haben, sind dynamische Entwicklungen über die Zeit! Die Änderungsgeschwindigkeit der Fakten, das ist das eigentliche Problem!

Während Politik und Gesellschaft gerade krampfhaft versuchen, mit rund zweieinhalb Millionen Über-80-Jährigen klarzukommen, hat sich in der Zwischenzeit deren Anzahl in nur

15 Jahren fast verdoppelt – auf viereinhalb Millionen. Alle Zahlen für die Pflegeversicherung, alle Pläne für den Ausbau von Altenwohnanlagen und so weiter – alles schon längst Makulatur. Und jetzt planen wir wieder mit den aktuellen Zahlen und rechnen von hier aus in die Zukunft, während sich noch während wir rechnen alles weiter verändert. Und das geht genau in diesem Tempo weiter.

Eine gesunde Entwicklung

Nicht nur die Rentenversicherung fliegt uns demnächst um die Ohren, auch der Gesundheitssektor ist dabei zu explodieren. Junge Menschen brechen sich mal das Bein oder haben eine Grippe, sie werden aber weder zahlreicher noch kränker. Alte Menschen haben dagegen ganz andere gesundheitliche Sorgen. Vor allem die chronischen Erkrankungen älterer Menschen beschäftigen die Ärzte, Krankenhäuser und Rehakliniken. Je älter ein Mensch wird, desto mehr Krankheitskosten verursacht er. Das ist ein interessanter Effekt, denn die Menschen werden ja auch deshalb immer älter, weil die Medizin sich immer besser darauf eingestellt hat, ältere Menschen am Leben zu erhalten.

> Junge Menschen brechen sich mal das Bein oder haben eine Grippe, sie werden aber weder zahlreicher noch kränker.

Ganz konkret trägt die sogenannte »kardiovaskuläre Revolution« erheblich zur Langlebigkeit der Menschen bei: Die Ärzte haben im Laufe der letzten Jahrzehnte immer besser gelernt, Herz-Kreislauf-Krankheiten zu behandeln. Prof. Dr. Roland Rau, Professor für Demografie an der Universität Rostock, wurde im Februar 2013 vom Nachrichtenmagazin *Focus* mit der Aussage zitiert, dass sich die Sterblichkeit an Herz-Kreislauf-Erkrankungen in den letzten 30 Jahren ungefähr halbiert habe – vor allem dank des medizinischen Fortschritts. »Revolution« ist dafür genau der richtige Ausdruck. Es ist ein Triumph der modernen Medizin.

Der Herzinfarkt und der Schlaganfall, also die klassischen akuten Folgen von chronischen Herz-Kreislauf-Erkrankungen, kommen statistisch gesehen nicht mehr so häufig vor. Sie sind zwar immer noch Todesursache Nummer eins, allerdings nicht mehr bei den Berufstätigen in den mittleren Jahren, sondern vor allem bei den älteren und hochbetagten Menschen. Über 90 Prozent derer, die auf diese Weise sterben, sind über 65 Jahre alt.

Das bedeutet grob gesagt: Einerseits kann die Medizin heute bei Herz-Kreislauf-Erkrankungen sehr viel tun. Sie schafft es, dass Menschen bei relativ guter Lebensqualität immer älter werden – bis irgendwann im hohen oder höchsten Alter dann doch das Herz versagt.

Das ist eine wirklich erfreuliche Entwicklung! Allerdings hat sich das klassische Muster »Gesund-Herzprobleme-tot« gewandelt zu »Gesund-Herzprobleme-krank« – und bitte, das soll jetzt wirklich nicht zynisch klingen, sondern lediglich die Tatsachen beschreiben.

Ältere Menschen und der Gesundheitssektor bilden so etwas wie eine Symbiose.

Tatsache ist, dass dieses Muster insgesamt einen sehr hohen Aufwand nach sich zieht – pharmazeutisch, klinisch, technisch und personell. Fast alle älteren Menschen haben chronische Herz-Kreislauf-Beschwerden. Mit anderen Worten: Ältere Menschen und der Gesundheitssektor bilden so etwas wie eine Symbiose – ein System aus zwei Komponenten, die sich gegenseitig erhalten und voneinander abhängig sind. Ohne die vielen, immer mehr und immer älter werdenden alten Menschen gäbe es nicht diesen riesigen und immer weiter wachsenden Gesundheitsapparat in Deutschland. Und ohne den riesigen und immer weiter wachsenden Gesundheitsapparat gäbe es nicht diese vielen, immer mehr und immer älter werdenden alten Menschen.

Die Kosten für Behandlung, Reha und Pflege sind in den letzten Jahren rasant angestiegen und liegen gegenwärtig laut Angaben des Statistischen Bundesamts bei knapp 300 Milliarden Euro – rund 3.600 Euro pro Einwohner. Dabei entfallen schon jetzt ungefähr die Hälfte der Kosten auf Patienten über 65 – Tendenz steigend.

Den größten Zuwachs verzeichnen die Kosten für die Pflege, er beträgt derzeit jährlich über 5 Prozent. Dabei nehmen sowohl die Pflegekosten pro Kopf als auch die Zahl der Pflegebedürftigen zu.

Nicht nur bei der Rente, sondern auch bei der Krankenversicherung haben wir es mit einem riesigen Umlageverfahren zu tun: Die Jungen finanzieren die Alten.

An den Statistiken fällt besonders auf, dass die starken Zuwächse der gesamtgesellschaftlichen Gesundheitskosten fast allein auf das Konto der über 65-jährigen Patienten geht. Die Kosten bei den jüngeren Menschen bleiben annähernd stabil.

Das heißt nichts anderes, als dass diejenigen, die die meisten Kosten im Gesundheitswesen verursachen, immer mehr werden – und dass das ausgerechnet diejenigen sind, die am wenigsten in die Krankenkassen einzahlen. Nicht nur bei der Rente, sondern auch bei der Krankenversicherung haben wir es also mit einem riesigen Umlageverfahren zu tun: Die Jungen finanzieren die Gesundheit der Alten – und das wird für die Jungen immer teurer. Dabei spielt es letztlich kaum eine Rolle, ob die Krankenversicherungsbeiträge weiter steigen oder die Steuern. Fakt ist: Irgendjemand muss den langen, teuren Ruhestand der größten Bevölkerungsgruppe bezahlen.

Schöne Grüße von Herkules

Um die Gesundheit und den Lebensstandard der älteren Generation zu finanzieren, brauchen wir in Deutschland vor allem eines: wachsende Wertschöpfung in der Wirtschaft. Wo sonst soll das Geld herkommen?

Das wirklich Gemeine an dieser Situation ist jedoch, dass nicht nur die Gesamtbevölkerung immer älter wird – sondern natürlich auch die Belegschaft der Unternehmen. Und dass nicht nur die Gesamtbevölkerung in Deutschland in den nächsten Jahrzehnten schrumpfen wird, sondern auch die Zahl der auf dem Arbeitsmarkt verfügbaren Arbeitskräfte. Und zwar drastisch!

In 30 Jahren werden gegenüber heute 16 Millionen Arbeitskräfte fehlen.

Den Zenit der Einwohnerschaft in unserem Land haben wir gerade überschritten. Mehr als die 82,3 Millionen Menschen, die im Jahr 2000 in unserem Land gelebt haben, werden wir auf absehbare Zeit nicht mehr haben. Im Moment fällt die Bevölkerung langsam in Richtung 80 Millionen, der Abstieg der Kurve wird aber zunehmend steiler. Im Jahr 2050 werden es laut einer Vorausberechnung des Statistischen Bundesamts bereits unter 70 Millionen sein, 2060 sogar unter 65 Millionen. Und die Anzahl der arbeitsfähigen Produktivkräfte in der Bevölkerung fällt natürlich noch viel schneller! Weil nämlich der Anteil der Rentner an der Bevölkerung dynamisch steigt und damit der prozentuale Anteil der Arbeitskräfte an einer schrumpfenden Bevölkerung schrumpft: Schrumpfkurs hoch zwei! Genau diese Dynamik wird fast immer übersehen und die Brisanz der Entwicklung unterschätzt.

Die altersmäßige Zusammensetzung der Arbeitskräfte in einem durchschnittlichen Unternehmen wird dann ganz anders aussehen als gewohnt. Bis zum Jahr 2000 waren die jungen Arbeitskräfte unter 30 Jahren immer zahlreicher als die alten Arbeitskräfte über 50. Dieses Verhältnis hat sich bereits gedreht. In wenigen Jahren werden Erwerbstätige über 50 ein Drittel aller Beschäftigten stellen.

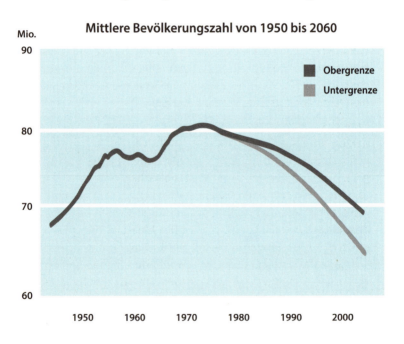

Die Unternehmen müssen diesen Verlust durch geeignete Gegenmaßnahmen begrenzen. Die Frage ist nur, wie das gehen soll.

Das alles stellt die Unternehmen in Deutschland vor *vier große Herausforderungen:*

- Erstens wird es erhebliche *Engpässe bei der Rekrutierung neuer, junger, qualifizierter Mitarbeiter* geben. In 30 Jahren werden gegenüber heute schlichtweg 16 Millionen Arbeitskräfte fehlen, allein aufgrund des Geburtenrückgangs. 16 Millionen! In den Berechnungen eines Großkonzerns, die ich einsehen durfte, gehen die Manager davon aus, dass sich ungefähr die Hälfte dieses Schwunds an Arbeitskräften durch zwei Maßnahmen auffangen lässt: Die erste ist eine gezielte Zuwanderungspolitik, um junge und qualifizierte Arbeitskräfte aus dem Ausland nach Deutschland zu holen. Die zweite Maßnahme ist, dass mehr Frauen und mehr ältere Erwerbstätige arbeiten als heute, auch deutlich oberhalb von 65 Jahren. Wir werden also gezwungen sein, das vorhandene Arbeitskräftepotenzial besser auszuschöpfen. Und doch wird das nur die Hälfte des Lochs abdecken, das die fehlenden Geburten in das Herz der deutschen Wirtschaft reißen.

- Zweitens wird der prozentuale *Anteil der über 50-Jährigen* in den Unternehmen stark ansteigen und sich *etwa verdoppeln* auf knapp 60 Prozent. Ältere arbeiten aber anders als Jüngere. Sie sind körperlich nicht so belastbar, haben andere Anforderungen an ihren Arbeitsplatz, sind oft weniger motiviert, geben den Unternehmen ein anderes Gesicht nach außen. Jung, dynamisch, erfolgreich? Das Idealbild der 1980er-Jahre ist schon lange verblasst. Die Unternehmen müssen sich jedenfalls darauf einstellen, wohl oder übel Leute über 50 zu nehmen, denn Jüngere werden sie nur noch schwer bekommen.

- Drittens geht mit der *Verrentung der Babyboomer* in den nächsten beiden Jahrzehnten die größte Gruppe der arbeitenden Bevölkerung den Unternehmen in kurzer Zeit komplett verloren. Damit droht ein erheblicher Wissensverlust, denn die Leistungsträger von einst nehmen ihr Know-how, ihre Erfahrung, ihre Routine, ihr Prozess- und ihr Marktwissen mit in den Ruhestand. Die Unternehmen sind gefordert, diesen Verlust durch geeignete Gegenmaßnahmen zu begrenzen. Die Frage ist nur, wie das gehen soll.

- Und viertens *steigen die durchschnittlichen Personalkosten* für die Unternehmen deutlich: Ältere Arbeitnehmer verlangen mehr Gehalt – und wenn der Anteil der Älteren beim Personal deutlich höher liegt, dann geht damit das Durchschnittsgehalt nach oben. Außerdem werden die Jungen gefragter, ihr Marktwert nimmt zu und damit das Gehalt. Und nicht zuletzt steigen die Ausfallzeiten durch Krankheitstage im Alter deutlich an, was die Unternehmen einfach Geld kostet. Viele ältere Arbeitnehmer kompensieren ihre verminderte Leistungsfähigkeit mit Überstunden: Laut den Zahlen des Statistischen Bundesamts arbeiten mehr als 12 Prozent der über 55-jährigen Erwerbstätigen mehr als 48 Stunden. Bei den vermeintlich so dynamischen 25- bis 34-Jährigen sind es beispielsweise nur 8 Prozent. Aber: Alter plus Überstunden, das zieht einen erhöhten Krankenstand nach sich und verteuert die Arbeit.

Angesichts dieser gewaltigen Hypotheken, mit denen die deutsche Wirtschaft in den nächsten Jahrzehnten in den globalen Ring steigt, ist es ein fast übermenschlich anmutendes Ziel, die Produktivität der Unternehmen so stark zu erhöhen, dass wir in der Lage sind, die Steuern, Krankenkassen- und Rentenbeiträge aufzubringen, um die 55-prozentige Mehrheit der nicht arbeitenden Bevölkerung bei vernünftigem Lebensstandard zu finanzieren. Mission: Impossible?

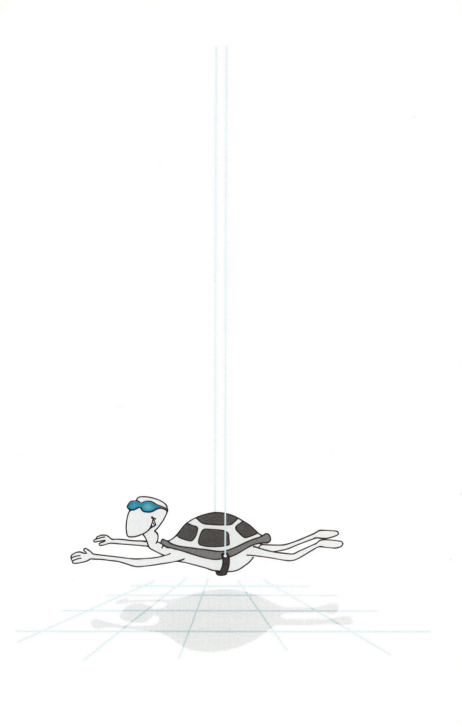

Kompakt:

Der Rückgang der Geburten, die Erhöhung der Lebenserwartung und das Aufrücken der Babyboomer in das Rentenalter sind drei außergewöhnliche Phänomene, die innerhalb der nächsten zwei Jahrzehnte gleichzeitig auftreten und sich zu einem riesigen Problem für unsere Gesellschaft aufaddieren.

Vor allem die Renten- und die Krankenversicherung müssen in den nächsten Jahren mit einer Ausgabenexplosion klarkommen, während sich gleichzeitig die Zahl der Einzahler verkleinert.

Die Wirtschaft ist zu erheblichen Produktivitätsverbesserungen gezwungen, während sich gleichzeitig das Alter des Personals in den Unternehmen durchschnittlich weiter erhöht und die Anzahl der verfügbaren qualifizierten Arbeitskräfte verringert.

Die Frage ist, ob wir diese Herausforderungen überhaupt lösen können und was die Konsequenzen eines Scheiterns wären.

Kapitel 2:
Gerontophobie

Alt werden, älter werden, immer älter werden und irgendwann zu alt sein – das ist nicht nur ein kollektives Schreckensszenario, wie im ersten Kapitel beschrieben, sondern auch ein individuelles. Eines Tages zu alt zu sein, um selbstbestimmt und in Würde zu leben – diese Vorstellung nimmt mir, ich gebe es offen zu, vor Angst die Luft. Ich stelle mir vor, dass es irgendwo im Lebenslauf einen unsichtbaren, nicht offiziell gekennzeichneten Punkt gibt, sozusagen das »Verfallsdatum«, ab dem meine Uhr eigentlich abgelaufen ist, ab dem alles nur noch schlechter und mein Leben sowohl für mich selbst als auch für meine Mitmenschen zur Quälerei wird.

Das ist so ähnlich wie bei einem Buchmanuskript: Irgendwann ist es fertig. Wer dann noch am Text herumschraubt und ihn immer und immer weiter überarbeitet, der »verschlimmbessert« nur. Die Qualität des Manuskripts hat ihren Höhepunkt überschritten, danach geht es bergab mit jeder Stunde, die man mehr investiert. Übertragen auf das Leben bedeutet das: Irgendwann fügt jede weitere gelebte Stunde dem Leben nichts Positives mehr hinzu. Im Gegenteil, eine Art *Lebenserosion* hat eingesetzt, die nicht mehr zu stoppen ist.

Das offensichtliche Problem dabei: Wir kennen diesen »Punkt ohne Wiederkehr« nicht. Er kommt bei jedem Menschen zu einem anderen Zeitpunkt. Einige wenige führen bis zum letzten Atemzug ein lebenswertes Dasein, viele allerdings rutschen unbemerkt in die Verlustzone der Lebensqualität, aus der sie in den letzten Jahren, manchmal Jahrzehnten nicht mehr herausfinden: Sie siechen dahin, sind körperlich und/oder geistig zu nichts mehr zu gebrauchen und seelisch ein Wrack. Für viele, viele Menschen ist das letzte Lebensdrittel einfach nur noch ein Trauerspiel. Machen wir uns nichts vor.

Irgendwann fügt jede weitere gelebte Stunde dem Leben nichts Positives mehr hinzu.

Und mir geht es da so wie Ihnen, wie allen Menschen: Ich schlottere vor Angst, mein »Verfallsdatum« eines Tages überschritten zu haben, ohne es zu bemerken. Zuerst werde ich es womöglich nicht bemerken *wollen*. Aber irgendwann werde ich es gar nicht mehr bemerken *können*, weil mein Geist sich vernebelt. Und dann bekommt mein Leben eine Eigendynamik, die geradewegs in die Folterkammer führt. Welch furchtbare Vorstellung!

In manchen Momenten wünsche ich mir, eines Tages so stark und so konsequent zu sein wie Gunter Sachs. Was für ein Mann! Was für ein Leben! Was für ein Tod!

Er war der Erste, den sie einen Playboy nannten. Er besaß Geld wie Heu, fuhr die schnellsten Autos, bereiste den Globus, lebte an den schönsten Orten, praktizierte die freie Liebe und schlief mit den schönsten Frauen der Welt – der Mann genoss seine Zeit auf Erden! Er lebte in einer Hinsicht absolut vorbildlich: Er lebte selbstbestimmt.

**Was für ein Mann!
Was für ein Leben!
Was für ein Tod!**

»Vielen Dank, aber EINE würde mir völlig ausreichen.«

Gerontophobie | **49**

Und das bis in den Tod. Im Alter von 78 Jahren bemerkte er seine »ausweglose Krankheit A.«, wie er schrieb. Wir dürfen vermuten, er meinte Alzheimer. Er war so wach und so ehrlich zu sich selbst, dass er sein persönliches »Verfallsdatum« bemerkte. Und er war so konsequent, dass er sich ohne lange zu fackeln in seinem Chalet in der Schweiz mit seinem Revolver erschoss.

Zu diesem Zeitpunkt war er noch vollkommen Herr seiner Sinne. Er war nicht depressiv und wollte niemandem mit seinem Selbstmord schaden. Er handelte aus vernünftigen Gründen und aus freien Stücken. In seinem Abschiedsbrief schrieb er:

»Der Verlust der geistigen Kontrolle über mein Leben wäre ein würdeloser Zustand, dem ich mich entschlossen habe, entschieden entgegenzutreten.«

Ich propagiere gewiss nicht den Selbstmord. Aber ich gebe offen zu: Der Abgang von Gunter Sachs hat mich in seiner Selbstbestimmtheit und Entschiedenheit sehr beeindruckt. Ein glatter Schuss, Ende, aus. Und alles ist gut.

Das ist eine letzte Geste von Würde und Größe, so groß wie seine berühmteste Aktion im Leben: Zur Verlobung mit Brigitte Bardot ließ er 1.000 rote Rosen aus einem Helikopter auf ihr Haus regnen. Das bleibt in Erinnerung.

Das Alter ist ein großer Mist, denke ich in solchen Momenten.

Das neue Zeit-Alter

Auch ich wünsche mir, dass sich wenigstens ein paar Menschen eines Tages an meine besten Taten erinnern – und nicht einen siechen, triefenden Waschlappen vor Augen haben, der über den Linoleumboden eines Flurs in einem Altersheim schlurft. Was, wenn meine *Alterszeit* misslingt und alles zunichtemacht, was ich in den Jahrzehnten zuvor aufgebaut habe?

Feststeht: Eines Tages werde ich geistig nicht mehr in der Lage sein, Vorträge zu halten und Bücher zu schreiben. Aber wann ist es so weit? Werde ich mich am Ende lächerlich machen, indem ich dummes Zeug schwafle? Werde ich das mitbekommen? Wie viel Zeit bleibt mir bis dahin? Und was werde ich dann überhaupt noch tun können? Werde ich hilflos sein? Werde ich abhängig, verliere ich meine Freiheit? Vegetiere ich irgendwann nur noch so dahin? Ist dieser Zustand dann überhaupt noch ein *Leben*? Vor mir tut sich ein schwarzer Schlund auf, wenn ich in eine solche Zukunft blicke.

Das Alter ist ein großer Mist, denke ich in solchen Momenten. Unendlich tiefe Ängste sind damit verbunden, und um sie geht es in diesem Kapitel. Fangen wir mit dem Thema an, dem wir das Älterwerden am ehesten ansehen: unserem Körper.

Spargelcremesuppe aus der Schnabeltasse

Hier um die Ecke gibt es ein Pflegeheim. Wenn das Wetter einigermaßen ist, sehe ich immer Angehörige, die ihre pflegebedürftigen Verwandten an der frischen Luft spazieren fahren. Denn die meisten Älteren dort sitzen im Rollstuhl, weil sie nicht mehr in der Lage sind, selbst zu gehen oder Treppen zu steigen.

In Deutschland gibt es laut unterschiedlichen Quellen circa 1,5 Millionen Rollstuhlfahrer, wovon aber weniger als 10 Prozent Querschnittgelähmte sind. Weil immer mehr alte Menschen im Rollstuhl sitzen, wächst der Markt für Rollstuhlbauer um ein Vielfaches dynamischer als der Markt für Autobauer.

> Gerade noch aufrecht und mit kräftiger Stimme auf der Bühne. Kurz darauf krächzend, keuchend und gekrümmt im Rollstuhl.

Die meisten der Alten, die ich dabei beobachte, wie sie sich spazieren rollen lassen, brauchen vermutlich auch bei der Körperpflege Hilfe. Sie befinden sich in einem der unterschiedlichen Stadien der Pflegebedürftigkeit: Da gibt es die leichten Fälle, die noch selbst essen und zur Toilette gehen können. Am anderen Ende des Spektrums stehen die ganz schweren Fälle, die nur noch im Bett liegen, gefüttert und gewickelt werden und ansonsten den ganzen Tag an die Zimmerdecke starren. Ab und zu werden sie auf die Seite gerollt oder etwas aufrechter hingesetzt, damit sie sich nicht wund liegen.

Soll man erleichtert sein, dass in den meisten Fällen parallel zum körperlichen Verfall auch die geistige Fitness immer mehr nachlässt? Jedenfalls ist die Vorstellung, geistig »voll da«, aber in einem siechen Körper wie in einem Gefängnis eingesperrt zu sein, für mich der reinste Horror.

In einem Pflegeheim habe ich mal jemanden kennengelernt, der im Rollstuhl saß und einen kleinen Plausch mit mir halten wollte. 40 Jahre lang war er Opernsänger gewesen und kannte noch die Texte. Und jetzt? Jetzt war er kräftemäßig kaum noch in der Lage, seinen Rolli vom Zimmer aus bis in den Essbereich seiner Wohnetage zu bewegen! Ich habe gestaunt. Wie sehr sich ein Leben innerhalb kürzester Zeit verändert: Gerade noch aufrecht und mit kräftiger Stimme auf der Bühne, kurz darauf krächzend, keuchend und gekrümmt im Rollstuhl. Und dazwischen liegen nur wenige Jahre.

Im Rollstuhl zu sitzen ist nicht nur eine körperliche Einschränkung, sondern auch eine soziale. In der Öffentlichkeit werden Rollstuhlfahrer auffällig oft völlig ignoriert: Derjenige, der den Rollstuhl schiebt, wird angesprochen – über die Person im Rollstuhl hinweg. So, als wäre derjenige nicht mehr in der Lage, das Gespräch selbst zu führen, nur weil er nicht mehr stehen kann!

Ich habe das mal in einem Kaufhaus beobachtet: Ein älterer Herr, der im Rollstuhl saß, wollte sich neu einkleiden. Die Verkäuferin sprach nur mit seiner Begleiterin: *Ihr* wurden die Hosen und Pullover gezeigt, mit *ihr* wurde über Größen und Preise gesprochen ... Der Herr im Rollstuhl saß wie eine Puppe da und wurde überhaupt nicht wahrgenommen! Und *wenn* die Leute noch mit alten Menschen sprechen, dann viel laaangsaaamer und viel LAUTER, als wäre man schwerhörig oder als gäbe es keine Hörgeräte.

Manchmal denke ich darüber nach, wie es sich wohl anfühlt, in einem Heim zu wohnen. Wie ist das, von einem fremden Menschen gewaschen und gefüttert zu werden? Das geht ja in Bereiche, die sehr intim sind. Kann und will ich da Fremde so einfach ranlassen? Aber was, wenn es gar nicht mehr anders geht?

Und beim Essen: Ich stelle mir vor, wie mir jemand, den ich nicht kenne, Kartoffelbrei und irgendwelche Sachen, die ich nicht ausgewählt habe, in den Mund schiebt oder die Schnabeltasse mit der Spargelcremesuppe an die Lippen hält und mir hinterher das Kinn abwischt. Kann ich Einspruch erheben, wenn ich Kartoffelbrei nicht mag? Oder heute einfach keinen Appetit darauf habe, obwohl er auf dem Wochenplan steht? Für mich ist das eine grauenvolle Vorstellung, sogar einfache oder sehr persönliche Dinge nicht mehr selbst entscheiden zu dürfen.

Vielleicht komme ich ja tatsächlich eines Tages in die Situation, dass ich nicht mehr selbst einkaufen und kochen kann und auch niemanden habe, der das für mich erledigt. Dann werde ich mich wohl in die Herde einfügen, was Essgewohnheiten und Hunger angeht. Im Heim gibt´s um halb zwölf Mittagessen und um halb sechs Abendbrot. Weil danach Schichtwechsel ist und alle ins Bett gebracht werden. Was, wenn ich zu diesen Zeiten noch gar keinen Hunger habe oder mitten in der Nacht wahnsinnigen Heißhunger bekomme? Wo hört meine Freiheit auf? Oder besser gesagt: Wo ist dann überhaupt noch Freiheit?

Vielleicht habe ich schon ins Bett gemacht, weil ich es nicht mehr so lange aushalten konnte!

Wie fühlt sich das an, wenn zu der Hilflosigkeit bei den Verrichtungen des täglichen Lebens noch die körperlichen Schmerzen oder Dysfunktionen hinzukommen? Wenn das Herz nicht mehr richtig mitmacht, der Kreislauf schwächelt, der Blutdruck zu niedrig ist? Und wenn die Muskeln so schwach sind, dass jede Bewegung zur Anstrengung wird. Das ist mit Sicherheit ein ganz anderes Leben!

Und wie man so hört, kann das Personal in vielen Pflegeheimen hier im Land sich gar nicht allem und jedem mit der Aufmerksamkeit und Zeit widmen, wie es nötig wäre. Also werde ich dann als Altersheimbewohner etliche Stunden am Tag allein im Bett verbringen. Ich werde läuten und trotzdem weiter warten, weil gerade alle Schwestern und Pfleger in einer Besprechung oder anderswo auf Station unterwegs sind. Wie lange werde ich Schmerzen haben, bis die rettende Tablette kommt? Vielleicht habe ich schon ins Bett gemacht, weil ich es nicht mehr so lange aushalten konnte! Dann kommt die überarbeitete Pflegerin und zieht die Augenbraue hoch, weil sie den Schlamassel riecht und sieht – und nun Extraarbeit hat. Peinlich ist das. Beschämend. Unwürdig. Und doch passiert das jeden Tag da draußen, weil alle überlastet sind. Weil die Alten einfach viel zu viele sind und immer mehr werden.

Dieses Szenario, in das ich mich hineinzuversetzen zwinge, ist für Tausende von älteren Menschen ganz normaler Alltag. Es kostet mich erhebliche Anstrengung, mir das bewusst zu machen.

Und nicht jeder hat den Luxus, in einem Einzelzimmer zu wohnen. Die meisten liegen in Zweibettzimmern zusammen mit einem Fremden, bei dem zufällig ein Bett frei war. Auf einmal teilt man sich 20 Quadratmeter, den Fernseher, das Bad, die Toilette und hört jedes Geräusch vom anderen. Gut, ich könnte es positiv sehen und sagen: Dann bist du nicht allein! Aber was, wenn der Zimmernachbar entsetzliche Schmerzen hat und den ganzen Tag schreit? Oder wenn er kein Wort spricht? Oder immer nur das Gleiche erzählt?

Gestern Sexsymbol,
__ heute Schreckgespenst.

Für manche ist selbst das Heimdoppelzimmer Luxus: Viele werden zu Hause betreut durch einen Verwandten, der vor der Arbeit oder in der Mittagspause mal eben kurz nach ihnen schaut. Der Rest vom Tag? Leere. Unterbrochen nur vom sozialen Pflegedienst, der morgens schnell die Körperpflege erledigt und vielleicht am Abend noch mal rasch prüft, dass alles in Ordnung ist, man sich seine Mahlzeiten gemacht oder sie geliefert bekommen hat, der Gang zur Toilette geklappt hat und man nicht gestürzt ist. Unterhalten kann man sich mit der Pflegerin nur, wenn sie zufällig deutsch spricht. Und dann ist immer noch nicht gesagt, dass sie etwas zu sagen hat. Die Zeiten, in denen Zivildienstleistende mit ihrer jugendlichen Frische das Leben alter Menschen bereicherten, sind ja leider auch vorbei. So oder so: Den Rest des Tages ist man allein und kann mit seinem Goldfisch sprechen oder mit sich selbst.

Geisterstunde im Kopf

Wenn die Haut anfängt zu hängen und die Körperumrisse aus der Form geraten, rettet sich so manch einer noch eine Weile mit Sport, einer Diät oder auch einer kleinen Schönheits-OP über ein paar zusätzliche Jahre, bis irgendwann nichts mehr zu machen ist. Ich war total entsetzt, als ich Helmut Berger im »Dschungelcamp« gesehen habe. Was war das mal für ein schöner Mann! Der war doch Brad Pitt und George Clooney in einem! Ein echtes Sexsymbol, der »schönste Mann der Welt« wurde er genannt. Ich weiß noch, mit welcher Hingabe er Ludwig II. gespielt hat. Imposant!

Irgendwann ist der Punkt erreicht,
an dem jemand denkt:
__ Der Seiwert redet nur noch dummes Zeug!

Und jetzt? Jetzt sieht er ziemlich unvorteilhaft aus, ist völlig aufgedunsen wie zugedröhnt, ein richtiges Wrack. Vielleicht war es der Kontrast zwischen dem Bild von früher und der heutigen Realität. Dazwischen habe ich ihn ja nie gesehen. Dieser Kontrast tat mir richtig weh! Gestern Sexsymbol, heute Schreckgespenst.

Wie hat er das wohl selbst erlebt? Das Gemeine ist ja, dass wir den Verfall gar nicht richtig mitbekommen, weil er so schleichend geschieht, dass die täglichen minimalen Veränderungen unterhalb unserer Wahrnehmungsschwelle liegen. Wir gewöhnen uns jeden Tag aufs Neue an unser Spiegelbild und bemerken darum den Unterschied nicht. Das ändert aber nichts daran, dass wir verschrumpeln, steif werden und aus der Form geraten.

Genauso verhält es sich mit dem geistigen Verfall. Dass mein Gedächtnis heute ein klein wenig schlechter ist als gestern oder vor einer Woche, das bemerke ich nicht. Die geistige Spannkraft lässt genauso nach wie die körperliche. Und irgendwann ist der Punkt erreicht, an dem jemand denkt: Der Seiwert redet nur noch dummes Zeug – so kenne ich den gar nicht von früher.

Ich stelle mir vor, dass man *die geistige Degenerierung* am ehesten indirekt mitbekommt: in dem Moment, in dem ich deutlich spüre, dass die Reglementierungen von außen zunehmen, ich immer häufiger und deutlicher gesagt bekomme, was ich zu tun und zu lassen habe, dass meine persönliche Freiheit immer weiter eingeschränkt wird und ich immer abhängiger von anderen werde. In dem Moment werde ich wissen, dass ich nicht mehr für voll genommen werde – weil ich tatsächlich geistig nicht mehr voll auf der Höhe bin, obwohl ich das selbst nicht bemerkt habe.

Persönliche Freiheit beziehungsweise *Selbstbestimmung*, das ist für mich einer der höchsten Werte. Laut einer von der Herbert-Quandt-Stiftung beauftragten repräsentativen Umfrage des Allensbach-Instituts, die am 3. Mai 2013 in Frankfurt vorgestellt worden ist, geht das nicht allen so: Für die meisten Menschen überholen die Werte Sicherheit und Gleichheit den Wert der Freiheit immer deutlicher, je älter sie werden.

> Im Alter gehen mir die Optionen aus.
> Und das ist für einen freiheitsliebenden
> Menschen furchtbar.

Die Angst vor der Reglementierung durch andere beziehungsweise durch die äußeren Umstände ist für mich eine der größten Ängste überhaupt. Ich war als Jugendlicher im Internat, und das glich streckenweise einem offenen Vollzug. Eine einzige Gängelei, den ganzen Tag! Das ist auch mit ein Grund, warum ich nicht gerne ins Flugzeug steige, sondern lieber mit der Bahn fahre. Ich empfinde das gesamte Prozedere im Flugzeug wie eine einzige Bevormundung. Das fängt bei der Zollkontrolle an, wo man sich ja schon fast komplett ausziehen muss. Vernünftig arbeiten kann man im Flieger auch nicht, weil man ständig unterbrochen wird. Entweder weil Getränke oder Essen serviert werden oder der Flugkapitän durchsagt, auf welcher Höhe wir uns befinden und wie das Wetter am Zielort ist. Auch wenn Sicherheitsmaßnahmen wichtig sind, stelle ich fest, dass ich beim Bahnfahren wesentlich mehr Freiheiten habe. Ich kann mich frei bewegen, ich kann von meinem Sitz aufstehen, und ich kann den Zug auch an einem Bahnhof meiner Wahl verlassen. Im Flugzeug sitzt du fest, da geht nichts, selbst wenn das Ding stundenlang auf dem Rollfeld steht, wie es mir schon mal passiert ist.

Zwischen Flugzeug und Bahn kann ich heute (meistens) wählen, es ist also meine Sache, wie viel Freiheit ich mir verschaffe beziehungsweise inwieweit ich mich einschränken lasse. Aber im Alter gehen mir die Optionen, die mir Freiheit und Selbstbestimmung im Leben bringen, immer mehr aus. Und das ist für einen freiheitsliebenden Menschen furchtbar.

Reglementierung und Einschränkung der persönlichen Wahlmöglichkeiten, das empfinde ich als massiven Verlust von Lebensqualität. Ich kann nicht sagen, wie ich später damit umgehen werde. Und wie ich möchte, dass andere mit mir umgehen, wenn ich zunehmend weniger kann und begreife. Für mich ist das ein unlösbares Dilemma. Denn wenn ich schon nicht weiß, wie ich damit umgehen soll, wie sollen dann die anderen wissen, wie sie mit mir umgehen sollen? Da tun sich zwischenmenschliche Gräben auf.

Lass gut sein, Opa!

Vor einigen Jahren hatte ich einen Bandscheibenvorfall und stand vor der Wahl: OP oder nicht? Die Ärzte wollten operieren, das ist ja klar – das ist ihr Geschäftsmodell. Aber andere Experten, auf die ich hörte, sagten mir: Die OP bringt nichts, macht nur Schmerzen. Weniger angenehm, aber von anhaltender Wirkung sei es in meinem Fall, die Muskulatur zu stärken. Also bin ich ins Fitnessstudio gegangen.

Das R-Wort!
Es war wie ein Schock für mich!

Als ich dort durch die Tür trat, war ich schwer beeindruckt: Lauter schöne, junge, straffe Körper, lauter dynamische Bewegungen, dicke Muskelstränge, die sich unter straffer Haut spannten, viele sexy angezogene Menschen mit knappen Outfits und alle mit sich selbst beschäftigt. Die Vorstellung, hier mit zu trainieren, einer dieser aktiven, kraftstrotzenden Menschen zu sein, wirkte faszinierend auf mich. An der Rezeption strahlte mir ein »nettes Mädle«, wie man hierzulande schwäbelt, entgegen, führte mich mit Schwung durch die Räumlichkeiten und zeigte mir alles.

Was ich sah, gefiel mir gut, und ich war hoch motiviert. Doch dann geschah es. Am Ende unserer Rundtour fragte sie mich, ob ich noch berufstätig sei. Ich verstand die Frage zuerst gar nicht. Worauf wollte sie hinaus? Für »Rentner« habe sie nämlich günstigere Konditionen, meinte sie unbefangen. Das R-Wort! Es war wie ein Schock für mich!

Auf einmal bemerkte ich in ihrem Blick das Desinteresse, die unüberbrückbare Distanz. Ich fand die junge Frau hübsch. Aber sie sah in mir nur einen alten Knacker. In diesem Moment alterte ich innerlich schlagartig um Jahrzehnte. Sah ich wirklich schon so alt aus?

Plötzlich konnte ich es mir nicht mehr vorstellen, hier zu trainieren. Ich war keiner von ihnen. Ich war eine andere Spezies: Sie waren normale Menschen, ich war ein Alter. Fluchtartig verließ ich das Fitnessstudio und wankte fassungslos durch Heidelberg.

> **Ich war eine andere Spezies:
> Sie waren normale Menschen,
> ich war ein Alter.**

Am nächsten Tag bin ich ins Kieser-Training gegangen. Da herrschte eine andere Altersstruktur, ich war unter »meinesgleichen«. Aber innerlich habe ich lange an dieser Situation rumgeknabbert und mich gefragt: Hat das »Mädle« denn nicht gemerkt, wie sie mich behandelt? Bin ich da zu empfindlich? Wer von uns beiden hat den Grand Canyon zwischen den Generationen zu überbrücken? Geht das überhaupt? Befinden wir uns, wenn wir alt sind, noch »in guter Gesellschaft«? Wie müsste eine Gesellschaft beschaffen sein, damit wir uns auch im Alter noch wohlfühlen?

Und wenn wir mal im kleineren Kreis bleiben, in der Familie: Wo fängt da der Respekt an, und wo hört er auf?

Ein Freund hat mir neulich erzählt, dass er auf einer Hochzeitsfeier im Familienkreis eingeladen war. Da waren auch der Opa und die Oma der Braut. Der Opa, schon etwas gebrechlich, hatte ein steifes Bein, weshalb er, als es ans Tanzen ging, nicht mitmachen konnte. Er saß am Rand und musste zuschauen, wie ein anderer Mann seine Frau – die Oma – aufforderte. Seine Frau hatte einen Heidenspaß. Sie lachte und strahlte ihren Tanzpartner an, ein Lied nach dem anderen. Das hat den Opa mit zunehmender Dauer eifersüchtig gemacht. Er konnte ja nicht so, wie er noch gern gewollt hätte! Er saß einfach nur da und regte sich fürchterlich auf. So weit, so gut. Der Punkt ist aber: Was hat die Familie gemacht? Sie haben ihn ausgelacht. Als ob es im Alter nicht mehr passend sei, eifersüchtig zu sein. Als ob es einen nicht mehr ärgern dürfte, wenn die Frau sich mit einem anderen vergnügt, weil man selbst nicht mehr mithalten kann. Die jungen Leute haben ihm einen Schnaps eingeschenkt, ihm auf die Schulter geklopft und ihn gönnerhaft beschwichtigt: Lass gut sein, Opa!

Wie viele Menschen altern würdevoll?

Offenbar wird man im Alter in vielerlei Hinsicht nicht mehr für voll genommen. Auch im beruflichen Kontext erleben viele Ältere, dass sie nichts mehr zu vermelden haben. Viele der Väter und

Großväter, die ganze Betriebe hochgezogen haben, müssen heute erleben, wie sie kaum noch Beachtung finden. In einem Weinbaubetrieb ist mir das mal aufgefallen: Da gingen die Kunden, die zur Weinprobe kamen, am Seniorchef vorbei und schnurstracks auf den Juniorchef zu. Sie liefen achtlos vorbei an dem Mann, der diesen Betrieb vor vielen Jahren gegründet und sein ganzes Leben da reingesteckt hat! An der Wand hingen unbeachtet die Preise und Prämierungen, die er mit seinen Weinen gewonnen hatte. Und dieser alte Herr konnte nichts anderes machen, als bedröppelt dazustehen und zuzugucken, wie keiner mehr was von ihm wissen wollte. Dürfen wir so mit unseren Alten umgehen? Im asiatischen Raum würde das nie passieren, da wird den Älteren ein viel größerer Respekt entgegengebracht!

Auch rechtlich und bürokratisch ist das Alter aus Sicht der Betroffenen ein schwieriges Terrain, auf dem es in vielen Fällen keine bewährte Kultur gibt. Wer entscheidet über unser Geld, wenn wir es selbst nicht mehr tun können – und wird *in unserem Sinne* entschieden? Wer bestimmt über Pflege und Altersheim und mit welchen Kriterien? Wer bezahlt was? Wie steht´s mit den behördlichen Regelungen? Wer regelt was? Was muss ich regeln, bevor es zu spät ist und ein anderer es macht? Keiner von uns weiß ja, wann ihn der Schlag trifft – und ob überhaupt. Das Verrückte ist: Selbst wenn ich möglichst viel geregelt habe zum Beispiel durch eine Patientenverfügung, wer sagt denn, dass ich am Tag X noch genauso entscheiden würde und alles genauso haben will? Es bleibt immer ein Rest Unsicherheit, ob alles wirklich so läuft, wie wir es gerne hätten. Und diese Unsicherheit, dieser Kontrollverlust, beunruhigt mich immer stärker.

Natürlich, nicht jeder Mensch altert gleichermaßen und gleich stark. Es gibt auch die, die auf ganz sanfte Weise älter werden und deren Körper und Geist alles ganz gut mitmacht. Ich fände es ja mal interessant zu wissen, wie sich hier das Verhältnis darstellt: Wie viele Menschen altern würdevoll? Und wie viele siechen dahin und erleben ihre letzten Tage oder Jahre als eine einzige Zeit des Schreckens und Leids? Ich tippe mal: 10 Prozent altern in Würde. Bei 30 Prozent ist es eine totale menschliche Katastrophe. Und das Mittelfeld von 60 Prozent endet zwar nicht in einer Katastrophe, aber auch nicht in Würde – das ganz normale Elend eben.

Die Sache hat noch eine andere Seite: Wenn wir davon ausgehen, dass wir alle immer älter werden, dann betrifft unser zunehmend wackliger Zustand auch die Jüngeren: Je pflegebedürftiger und hinfälliger wir werden, umso unfreier und geforderter werden die, die sich um uns kümmern müssen – die Angehörigen, die Lebenspartner, die Kinder und Enkel ebenso wie das Pflegepersonal in Kliniken und Heimen. Das zehrt an den Kräften. Und plündert auch das Konto. Denn die Pflegekosten übernehmen zum größten Teil immer noch die Kinder. Nur die wenigsten haben ein Vermögen, das über Renditen oder per Kapitalverzehr die Kosten des Alters abdeckt. Die meisten von uns leben also irgendwann auf Kosten unserer Kinder. Wir behindern sie und stehen ihnen im Weg. Ich weiß nicht, wie es Ihnen geht, aber mir ist das nicht egal. Ich verspüre da auch keinen legitimen Anspruch. Ich will das nicht!

Rentenschwellenangst

Es gibt Menschen, die gerne noch mit 70, 75 oder 80 arbeiten wollen und auch noch dazu in der Lage sind, körperlich wie geistig. Derzeit werden aber alle, die noch fit und leistungswillig sind, mit 63, 65 oder 67, je nach politischer Großwetterlage, wegrationalisiert durch das pauschale Renteneintrittsalter. Dabei kann man das Rentenalter weder gerecht auf das einzelne Individuum anwenden noch 1:1 auf alle Berufe übertragen. Sicher, die körperlich sehr anstrengenden Berufe, die will man ab einem bestimmten Alter nicht mehr machen und kann es auch gar nicht. Es gibt aber noch viele andere Tätigkeitsbereiche, in denen die Älteren, die noch arbeiten können und wollen, ihren Beitrag leisten könnten. Was ist mit einem Piloten, der nach wie vor topfit ist und gerne noch fliegen würde? Was ist mit einem Richter, den seine Tätigkeit im Gerichtssaal noch so erfüllt, dass er sie weiterhin ausführen will?

Die unterschwellige Botschaft des Renteneintrittsalters lautet: Du bist zu nix mehr nütze!

Neben der kollektiven Sichtweise, bei der auffällt, dass wir mit diesen pauschalen Altersgrenzen eine Menge Leistungsbereitschaft und Leistungsfähigkeit willkürlich aus dem Wirtschaftskreislauf ausradieren und uns damit massiv schaden, interessiert mich hier vor allem die persönliche Sicht: Die Botschaft, die das Renteneintrittsalter unterschwellig jedem älteren Arbeitnehmer sendet, lautet nämlich: »Du bist zu alt, ergo: zu nix mehr nütze!«

Natürlich gibt es eine ganze Reihe Menschen, die sagen: »Das hab ich mir verdient, ab 65 ist endlich Schluss, ich mag nicht mehr!« Und das ist auch in Ordnung so. Man kann nicht alle über einen Kamm scheren, weder in die eine Richtung noch in die andere. Freiheit, Flexibilität und Selbstbestimmung sind mit dem Rentengesetz derzeit allerdings unvereinbar. Sie können als Arbeitnehmer den Übergang in altersgemäße Formen von Arbeit nicht wählen, nicht gestalten, nicht bestimmen. Sie werden zum Rentner gemacht, ob Sie wollen oder nicht.

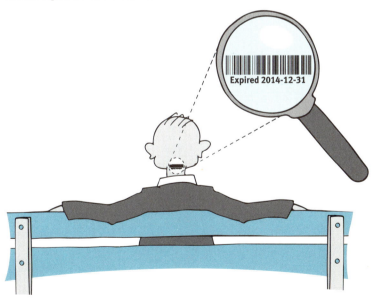

Starre Systeme werden von Menschen ausgenutzt, um das Beste für sich rauszuholen. Das ist so etwas wie ein Naturgesetz. Ich kenne einen Taxifahrer, der bis vor Kurzem bei einem großen Maschinenbauer angestellt war. Er fand den Job in der Produktion einfach viel zu anstrengend und fühlte sich zu alt dafür. Deshalb hätte er gerne etwas anderes gemacht. Aber diese Möglichkeit konnte ihm weder der Betrieb noch das Gesetz anbieten. Einfach eine geringere Rente in Kauf nehmen und im Alter der eigenen Wahl aufhören – ist genauso wenig vorgesehen wie länger zu arbeiten und die Rente dadurch aufzustocken. Was hat er also getan? Na klar, »einen auf krank« hat er gemacht. Er erzählte mir ausführlich, wie das geht: Simulieren, sich immer wieder krankschreiben lassen, ständig fehlen, und wenn man mal da ist, schlechte Ergebnisse abliefern, damit der Vorgesetzte irgendwann kapiert: Mit dem hat das doch alles keinen Zweck mehr.

Sie werden zum Rentner gemacht, ob Sie wollen oder nicht.

Es klappte, er wurde frühverrentet. Jetzt fährt er Taxi, alles schwarz, alles bar auf die Hand, und lebt sehr gut davon. Natürlich ist das illegal, natürlich ist das egoistisch und verwerflich, was dieser Mann gemacht hat, natürlich hat er die Solidargemeinschaft betrogen und seinen Teil zur Verschärfung der Finanzprobleme des Staates beigetragen. Doch es gibt auch noch eine andere Seite dieses exemplarischen Vorfalls: Das System wird den Bedürfnissen der Menschen nicht gerecht. Wäre es nicht fair gewesen, es dem Unternehmen und dem Mann zu überlassen, eine individuelle und faire Lösung auszuhandeln? Wenn er nicht mehr arbeiten will, warum zwingt man ihn dazu, länger zu arbeiten, als er möchte? Die Lösung, die er gewählt hat, ist nicht rechtens, aber sie bewahrt ihn vor dem typischen Rentenschock, der die Leute überfällt, die von einem auf den anderen Tag nicht mehr gebraucht werden, die plötzlich spüren, wie ausgelaugt sie körperlich und geistig sind, und die nach der Verrentung schnell altern und krank werden.

Altern ist eine individuelle Sache. Aber unsere Systeme regeln das Alter in Bausch und Bogen. Dabei haben wir in unserer Gesellschaft gute Erfahrungen mit individuellen Regelungen gemacht: Die deutsche Tarifautonomie erlaubt es Arbeitnehmern und Arbeitgebern, faire Löhne individuell auszuhandeln, ohne dass der Staat ihnen dabei Vorschriften macht. Das führt zu sehr vernünftigen Ergebnissen und macht die deutsche Wirtschaft im Vergleich zu den Volkswirtschaften anderer Länder sehr wettbewerbsfähig. Dass der Staat sich aus den Löhnen und Gehältern weitgehend raushält, hat ganz wesentlich dazu beigetragen, dass sich unsere Wirtschaft in den letzten Jahren besser entwickelt hat als die unserer europäischen Nachbarn.

> **Altern ist eine individuelle Sache.
> Aber unsere Systeme regeln das
> in Bausch und Bogen.**

Leider gibt es jüngst starke Tendenzen, diese Autonomie bei den Gehältern einzuschränken, zum Beispiel durch starre Unter- und Obergrenzen. Werden die Pläne umgesetzt, und danach sieht es beim Mindestlohn ja bereits aus, wird das die Gehälter zwar ein Stück gleicher, dafür aber weniger gerecht machen und nicht nur Arbeitsplätze und individuelle Freiheit, sondern auch Wirtschaftskraft kosten. Und leider macht die Regierung das System der starren Verrentung derzeit eher noch rigider und tendenziell unsinniger, indem sie frühere Verrentungen vorschreibt und die Rente mit 67 zurücknimmt. Das ist leider reine Klientelpolitik, mit der die Stimmen der Babyboomer gekauft werden sollen, die allerdings die Rentenkasse der nächsten Jahrzehnte mit vielen Milliarden Mehrkosten belasten wird. Ein schlimmes Signal, das beweist, dass die Politik unsere demografischen Probleme nicht lösen kann, ja, gar nicht lösen *will*! Politiker wollen gewählt werden, dafür tun sie alles, dafür hetzen sie sogar die Generationen aufeinander.

Der Staat löst es nicht, die Menschen und Unternehmen dürfen es nicht lösen: Mehr Autonomie bei der Verrentung ist nicht in

Sicht, eher noch mehr Staat. Und damit gibt es tendenziell noch weniger individuelle Entwicklungs- und Entfaltungsmöglichkeiten.

> **Mit der reinen Klientelpolitik, werden die Stimmen der Babyboomer gekauft.**

Abgesehen von den Menschen, die um die 60 einfach nicht mehr so leistungsfähig sind und im Job überfordert werden, sehe ich insbesondere die *psychologischen Aspekte*, wenn Menschen nichts mehr leisten dürfen, obwohl sie könnten. Für einen Mann zum Beispiel kommt das fast einer Kastration gleich. Er zählt nichts mehr, ist kein ganzer Mann mehr! Keinen Beitrag mehr leisten können, zu nichts mehr nütze, nur noch der Bezieher von Rentenbezügen sein und nicht mehr im Wechsel geben und nehmen können ... Ich glaube, dass auch dies eine weitverbreitete Angst ist, die kaum laut ausgesprochen wird. Und ich glaube, dass sich viele dieser Angst noch gar nicht richtig bewusst sind.

Ja, das ganze Thema Alter ist extrem angstbesetzt. Jeder von uns trägt sein eigenes Päckchen mit sich herum. Und keiner weiß wirklich, wie alles werden wird. Sicher ist nur eines: Am Ende unseres Lebens steht einer vor der Tür, dem es egal ist, ob wir noch Geld haben oder nicht und wie es um unseren Körper und unseren Geist bestellt ist. Er nimmt uns alle mit. Und das ist eine weitere Angst, vielleicht die größte, die wir alle haben: die Angst vor dem Sensenmann.

Wie geht man würdevoll vom Platz?

Eines Tages ist es so weit. Dann rieselt auch das letzte Körnchen durch unsere Sanduhr. Dann wird endgültig abgepfiffen, und jeder geht auf seine Weise vom Platz. Wenn wir die Chance dazu bekommen, blicken wir kurz zuvor noch mal zurück: Wie war unser Spiel? Wie haben wir die letzten Minuten verbracht? Haben wir unser Bestes gegeben? Gehen wir in Würde vom Rasen oder mit hängenden Schultern? Haben wir Beifall und Respekt verdient oder Häme und Mitleid?

Gehen wir in Würde vom Rasen oder mit hängenden Schultern?

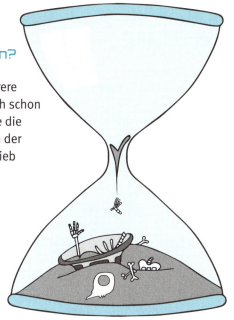

Würdevoll zu altern hat mehrere Dimensionen. Es fängt für mich schon beim Äußeren an. Ich verstehe die Menschen nicht, die sich nach der Verabschiedung aus dem Betrieb in die typische beigefarbene Rentneruniform werfen. Oder die sich kleidungsmäßig gehen lassen, nur weil sie 70 oder 80 sind. Auch in fortgeschrittenem Alter habe ich doch die Möglichkeit, mir einen gewissen Chic zu bewahren, selbst mit geringen finanziellen Mitteln. Ist das nicht eher eine Sache des Feingefühls oder des Gespürs für Farben und Stoffe? Und wenn ich das selbst nicht habe, kann ich jemand anderen um Hilfe bitten. Dabei geht es nicht darum, auszusehen wie Rolf Eden oder Hugh Hefner und sich jünger zu machen, als man ist. Das meine ich nicht! Es geht darum, der zu sein, der man ist – authentisch zu sein, echt zu sein!

Wie innen, so außen. Natürlich beginnt unsere Würde erst einmal bei unseren inneren Werten und unserer Kommunikation: Welchen Maximen war ich in meinem Leben treu? Und bin ich es erst recht im Alter? Wie sorgfältig und gewählt drücke ich mich aus? Behandle ich andere Menschen, insbesondere jüngere, mit Respekt? Befasse ich mich noch mit den aktuellen Themen der Zeit? Leiste ich ab und an noch einen Beitrag und melde mich zu Wort, selbst wenn es vielleicht nur punktuell ist? Die Qualität ist ja das, was zählt, nicht die Quantität! Das Richtige sagen zur rechten Zeit.

Es geht darum, der zu sein, der man ist – authentisch zu sein, echt zu sein!

All diese vielen kleinen Puzzlesteinchen ergeben zusammen unsere Ausstrahlung, unser Charisma, auch im Alter. Dass das möglich ist, beweisen Vorbilder wie Marcel Reich-Ranicki, Hans-Dietrich Genscher, Helmut Schmidt, Peter Ustinov, Franz Beckenbauer oder Karl Lagerfeld. Und auf dieses Charisma reagiert unser Umfeld.

Bei Hans-Dietrich Genscher habe ich diese besondere Würde hautnah erlebt, als ich ihm während meiner Präsidentschaft der German Speakers Association den ersten Deutschen Rednerpreis überreichte. Ich weiß noch, dass ich während der Vorbereitungen für die Preisverleihung die Sekretärin von Genscher anrief und fragte, ob er einen Fahrer hätte. Nein, meinte sie ganz entrüstet, einen Fahrer hätten nur die Ex-Kanzler und die Ex-Bundespräsidenten! Genscher wollte auch keinen »Schnickschnack« haben, obwohl wir ihm alles Gewünschte zur Verfügung gestellt hätten, um ihm den Aufenthalt bei uns so angenehm wie möglich zu machen. Darin drückte sich eine Bescheidenheit aus, die mich beeindruckte.

Doch dann strafte mich der alte Haudegen und Rednerprofi für meine Gedanken!

Als er ankam, sah ich ihm sein Alter an. Seine Haltung etwas gebückt, der Bewegungsablauf steif, auf den Treppenstufen unsicher. Als er im großen Saal vor 500 Gästen ans Rednerpult trat, schien er etwas verloren – dabei war er einfach nur konzentriert. Der Beginn seiner Dankesrede war schleppend, wirkte müde. Er redete leise und langsam. Im ersten Moment zweifelte ich, ob die Jury einen würdigen Preisträger ausgewählt hatte, das gebe ich offen zu. Doch dann strafte mich der alte Haudegen und Rednerprofi für meine Gedanken! Er kam nach kurzer Zeit auf sein Herzensthema zu sprechen: Europa! Und Europa, das ist bei Genscher eine Gemeinschaft von Völkern in Freiheit und Verantwortung. Da begann er zu brennen. Er wurde laut, sprach eindringlich, seine Rede sprühte Funken.

Im Saal breitete sich eine Art elektrische Spannung aus. Ich stand im Hintergrund auf der Bühne und schaute in verblüffte, gebannte, faszinierte Gesichter. Der Mann begeisterte sein Publikum! Er legte eine fulminante Rede hin, wie ich sie selten erlebt habe. Und ich habe schon viele Reden erlebt.

Genscher erntete enormen Beifall, stehende Ovationen und eine Welle der Sympathie. Der Applaus ebbte auch nicht ab, als er gestützt die Treppe der Bühne hinunterstieg, um sich zu setzen und auszuruhen. Ich war schwer beeindruckt: Das war Würde!

Niemand sagte:
Der ist aber alt geworden!

Worin bestand diese Würde? Sie bestand in der Eigensinnigkeit und Unabhängigkeit seiner Haltung. Darin, dass er sich zu Wort meldete und sich einmischte. Darin, dass er eine extrem professionelle Rede hielt und damit größten Respekt vor seinem Publikum bewies. Darin, dass er sich nicht zu schade war, an seine körperlichen Grenzen zu gehen, um einen Beitrag zu leisten. Darin, dass das, was er sagte, zeitgemäß und relevant war. Darin, dass er sich in seinen Standpunkten treu blieb. Damit sorgte er dafür, dass alle im Saal, die meisten davon deutlich jünger als er, zu ihm aufschauten.

Wie viele Menschen gehen dem Alter in dieser Würde entgegen? Für die Leute, die Genscher erlebten, war seine beginnende Gebrechlichkeit kein Thema. Niemand sagte: Der ist aber alt geworden! Alle redeten nur über seinen bemerkenswerten Auftritt.

Bei den meisten Menschen verhält es sich genau anders herum. Weil ihnen die Würde fehlt, sehen wir eher die Zeichen des Verfalls: »Der hat aber nachgelassen!« Die ganzen fiesen Begleiterscheinungen rund ums Alter wie unangenehmer Körpergeruch, Inkontinenz, geistige Verwirrtheit, Schwerhörigkeit, Schwäche, vielleicht auch noch Alterssturheit – all das sind Dinge, die uns aus gutem Grund Angst machen. Und zwar in beide Richtungen, in Bezug auf uns selbst und in Bezug auf die anderen.

Gerontophobie nennt man die starke Angst vor dem Altwerden und auch die Angst vor alten Menschen. Warum ist die Angst so groß? Nun, plötzlich ist das Alter da wie ein unangemeldeter Gast, steht einfach vor der Tür und sagt: »Hallo, da bin ich schon!« Bevor wir es abweisen können, geht es schon an uns vorbei und macht sich in der Küche breit. Wir wissen nicht, was es will. Aber so, wie es dasitzt und uns angrinst, beschleicht uns das nagende Gefühl, dass es uns umbringen will. Und was können wir da noch groß machen? Es will ja partout nicht mehr gehen. Wir können ihm nur eine Tasse Kaffee anbieten und sehen, wie wir uns mit ihm arrangieren!

Eine Frage der Reife

Die Unumkehrbarkeit des Alterungsprozesses ist es, die es uns so schwer macht, mit dem Alter in Würde klarzukommen. Bei Obst können wir den zunehmenden Verfall ziemlich gut beobachten. Am Anfang, wenn wir es frisch vom Markt holen, ist alles schön knackig, prall und riecht gut. Mit der Zeit wird es reifer und reifer, bis es eines Tages erst matschig wird und dann fault, sodass es nicht mehr so gut riecht. Und auf einmal ist aus dem leckeren Obst ein Fall für den Biomüll geworden, für den Kompost. Der entscheidende Punkt ist: Aus Kompost wird kein knackiges Obst mehr!

Was mir im Laufe der Zeit, in der ich mich mit dem Alter beschäftigt habe, klar wurde: Es geht nicht darum, all diese Ängste zu überwinden. Sie sind real und berechtigt. Es geht nicht darum, aus dem letzten Lebensdrittel eine Friede-Freude-Eierkuchen-Veranstaltung zu machen und so zu tun, als ob es ein Leichtes sei, das Alter zu genießen. Die Probleme, die da individuell auf uns zukommen, sind einfach zu groß. *Und dass wir beim Kampf mit dem Alter ums Leben kommen*, steht nun mal fest, da gibt es nichts zu beschönigen.

Aus Kompost wird kein knackiges Obst mehr!

Darum sage ich: Es ist völlig legitim, die Hosen voll zu haben, wenn wir merken, dass die Jugend verflogen ist. Was vor uns liegt, wird kein Zuckerschlecken. Das zu verdrängen, ist unvernünftig.

Allerdings heißt das nicht, dass wir mit unserer jugendlichen Unbeschwertheit auch unsere *Würde* abgeben sollten. Sie können nämlich mit all den damit verbundenen Qualen altern, und trotzdem ganz Sie selbst bleiben. Sie können körperlich zu einem Wrack werden, Sie können arbeitsunfähig, zerstreut und vergesslich werden – und *trotzdem* einen wertvollen Part zur Paarbeziehung, zur Familie, zum Betrieb und zur Gesellschaft beitragen. Es geht um dieses Trotzdem!

Und darum, unser Leben in vollen Zügen zu genießen. Auch wenn wir nicht über den Kontostand, die Kunstsammlung oder die idyllischen Wohnsitze eines Gunter Sachs verfügen. Wie er können wir jeden Tag, jeden Moment, den wir haben, voll auskosten. Denn unser Leben ist endlich. Es ist der Verdienst des Alters, uns das von Tag zu Tag immer drängender bewusst zu machen.

Mein Sohn wollte seiner Freundin zu ihrem 21. Geburtstag eine Rose schenken. Rose? Ich dachte sofort an Gunter Sachs und Brigitte Bardot und den Helikopter.

Zu meinem Sohn sagte ich: »Eine ist zu wenig. Nimm 21!«

Kompakt:

Der Selbstmord von Gunter Sachs steht für unsere Angst vor und unseren Umgang mit dem geistigen Verfall. Sie ist eine von vielen Ängsten, die wir vor dem Älterwerden haben.

Ältere Menschen werden von ihrem Umfeld oft nicht mehr für voll genommen. Das fängt schon in der Familie an und betrifft die ganze Gesellschaft.

Alt werden geht uns alle an: Je pflegebedürftiger wir werden, umso mehr wird unser Umfeld gefordert. Zeitlich, personell, finanziell.

Durch das offizielle Rentenalter
geben wir vielen Menschen das Signal:
Du bist alt und zu nichts mehr nütze.
Und damit schneiden wir uns
von Potenzialen und Wirtschaftskraft ab.

Würdevolles Altern hat mit den
von uns verkörperten Werten zu tun,
mit unserer Ausstrahlung und
auch mit unserem gepflegten Äußeren.

Wir können uns vor dem
Altwerden nicht verschließen.
Es geht jetzt darum,
unsere legitimen Ängste wahrzunehmen
und die Konsequenzen daraus zu ziehen.
Und bis dahin unser Leben zu genießen
und lieber mehr Rosen zu kaufen
als zu wenige!

Kapitel 3:
Krieg der Generationen

Einmal im Jahr strömen die Bewohner der unterirdischen Kuppelstadt in das »Karussell«, eine große Arena, in deren Mitte an diesem Tag diamantenähnliche Steine rot und verheißungsvoll aufleuchten. Menschen in weißen Umhängen bilden einen Kreis um das Leuchten herum, machen sich bereit für ihre »Erneuerung«. Sie haben das Alter von 30 Jahren erreicht. Das ist die magische Grenze. Dahinter kommt nichts beziehungsweise fängt alles von vorne an – so die Illusion der Bewohner. Auf den Tribünen können die Jüngeren ihre Begeisterung kaum zügeln. Sie fiebern in jugendlichem Enthusiasmus mit den Auserwählten mit, die in Lichtdomen nach oben schweben – und verschwinden. Ein großes Fest, aber die naive Euphorie der Teilnehmer ist beklemmend.

Logan 5, die Hauptfigur in dem sehr erfolgreichen und oscarprämierten US-Film *Logan's Run* (dt.: *Flucht ins 23. Jahrhundert*) aus dem Jahr 1976, ist ein sogenannter Sandmann. Er eliminiert »Läufer«, das sind Flüchtige, die sich der Erneuerung entziehen und fliehen wollen – und so die perfekte Gesellschaft der ewigen

Jugend gefährden. Die Sandmänner spüren die Verräter auf, töten sie mit Laserpistolen und lösen sie mithilfe chemischer Substanzen sofort in nichts auf.

Aber nicht jeder Läufer wird erwischt. Logan 5 erhält den Auftrag, ihren Zufluchtsort aufzuspüren, denn mehr als 1.000 sind schon entkommen. Doch statt die Läuferin Jessica 6 zu töten, verliebt er sich in sie. Durch sie findet er heraus, dass die Erneuerung eine monströse Lüge ist – in Wahrheit werden alle über 30-jährigen Bewohner der Kuppelstadt getötet und durch in der Retorte gezüchtete Menschen ersetzt, damit die Zahl der Individuen konstant bleibt. Ziel der futuristischen Gesellschaft ist es, für immer jung und schön zu sein und nie mit den Themen Überbevölkerung oder Überalterung konfrontiert zu werden. Erreicht wird dieses Ziel durch Totalitarismus: Die Staatsdoktrin steht über allen Rechten des Individuums, auch über dem Recht auf Leben oder dem Recht auf Altern in Würde.

Am Ende gelingt den Protagonisten die Flucht an die Erdoberfläche, wo sie zum ersten Mal in ihrem Leben einen alten Menschen treffen. Dieser von Sir Peter Ustinov gespielte alte Mann ist das Symbol der Freiheit. Alter steht für Freiheit – ein erstaunlicher Dreh.

> Wohlstand für die Jungen und Würde für die Alten scheinen unvereinbar zu werden. Wir müssen wählen.

Logan's Run ist ein Science-Fiction-Film und damit reine Fiktion. Zum Glück ist bei uns noch keiner auf die Idee gekommen, alle Menschen jenseits einer bestimmten Altersgrenze eliminieren zu wollen. Wir schicken sie nur in Rente, wo sie für die Gesellschaft nutzlos und unproduktiv werden, danach umso schneller körperlich und geistig verfallen – und als Kostentreiber im Gesundheitswesen noch sehr lange leben. Aus Sicht der Mächtigen in der Welt von Logan 5 wäre unsere Gesellschaft lächerlich dumm organisiert. Würden die Alten mit Erreichen ihres »Ablaufdatums«, also dem Renteneintrittsalter, einfach »wegfallen« beziehungsweise auf geschickte Weise eliminiert werden, dann wäre der Wohlstand für die Übrigen immens. Dass so ein Szenario menschenverachtend und abscheulich ist, steht außer Frage. Es deckt jedoch die *Kluft zwischen den Generationen auf.* Wohlstand für die Jungen und Würde für die Alten scheinen unvereinbar zu werden. Wir müssen wählen:

- Entweder eine Gesellschaft, in der es den vielen Alten auf Kosten der wenigen Jungen gut geht.
- Oder eine Gesellschaft, in der es den wenigen Jungen auf Kosten der vielen Alten gut geht.

Wie wird unsere Wahl ausfallen? Welche gesellschaftliche Gruppe wird verlieren? Und wird sie sich kampflos fügen?

Der Siegeszug der Alten

Für viele Journalisten und viele Ökonomen ist die Sache schon jetzt entschieden: *Den Lebensstandard, den wir heute gewohnt sind, werden wir künftig nicht aufrechterhalten können*. Wenn wir solche Sätze hören, nicken wir reflexartig: Das erscheint plausibel, heißt aber nichts anderes als: Den nachfolgenden Generationen wird es schlechter gehen. Die Jungen werden die Verlierer sein.

> Die in den 1950ern und 1960ern aufgewachsenen Alten sind heute die wohlhabendsten Menschen, die jemals in Deutschland gelebt haben.

Auf den ersten Blick weist auch alles darauf hin, die Machtverhältnisse sind eindeutig. Wenn wir mal ganz willkürlich Alte und Junge bei einer Grenze von 50 Jahren auseinanderdividieren und die Verhältnisse zwischen diesen beiden Teilen der erwachsenen Bevölkerung genauer anschauen, wird, die Sache klar:

- Erstens geht die Minderheit, also die Jungen zwischen 20 und 50, zum größten Teil arbeiten und erwirtschaftet nicht nur ihren eigenen Lebensunterhalt, sondern auch den ihrer (wenigen) Kinder sowie die Lebenskosten der Mehrheit der Gesellschaft, also der Alten. Sie nutzt die Rentenkasse nicht, sondern zahlt ein. Sie nutzt das Gesundheits- und Pflegesystem nur sehr wenig, dafür zahlt sie das meiste ein. Sie erwirtschaftet den mit Abstand größten Teil des Staatshaushalts über ihre Steuerzahlungen. Sie besitzt kaum Vermögen und schafft es auch nicht, welches aufzubauen, weil von ihrem Einkommen ein zu großer Teil für Steuern, Rentenkasse, Krankenkasse, Pflegeversicherung und so weiter abgezogen und einbehalten wird.
- Zweitens arbeitet die Mehrheit, also die Alten über 50, zum größten Teil nicht. Sie lebt von dem Geld, das die Jungen erwirtschaften. Sie bezieht nicht nur Lebensunterhalt durch Rente und Pensionen, sondern verursacht den weitaus größten Teil der Gesundheits- und Pflegekosten, obwohl sie kaum noch Beiträge für die öffentlichen Kassen aufbringt. Auch Steuern bezahlt sie viel weniger als die Jungen. Dafür verfügt sie über den größten Teil der privaten Vermögen, denn die in den 1950ern und 1960ern aufgewachsenen Alten sind heute die wohlhabendsten Menschen, die jemals in Deutschland gelebt haben.
- Drittens hat sich die Wirtschaft, deren Marketing und Produktentwicklung bisher hauptsächlich auf die Zielgruppen zwischen 14 und 49 Jahren ausgerichtet war, angepasst: Die lukrativen, »werberelevanten« Zielgruppen sind jetzt die über 50-Jährigen, denn erstens sind sie mittlerweile zahlreicher als die Jungen und zweitens deutlich kaufkräftiger. Das heißt, die Kunden, die umworben werden und deren Bedürfnisse die

Wirtschaft erfüllen will, sind die Alten. Allerdings sind es die Jungen, die die Wirtschaft bilden, indem sie arbeiten, arbeiten, arbeiten.

- Viertens richtet sich die Politik in ihren Entscheidungen nach der Mehrheit aus, und das sind die Alten. Eine Partei, die wiedergewählt werden will, muss ihre Wähler bevorzugen und bedienen, sonst verliert sie Wahlen und Posten. Die Wähler bei Minderheiten zu suchen, führt nicht zu Mehrheiten bei den Wahlen. Es wird deshalb keine Regierung an die Macht kommen, die das Wohl der Alten zugunsten der Jungen beschneidet. Eine Gegenwehr der Jungen ist innerhalb unserer parteiendemokratischen Strukturen unmöglich. In der Politik machen die Alten Politik – und zwar für die Alten. Und das wird sich eher verstärken, da die Minderheit der Jungen noch kleiner und die Mehrheit der Alten noch größer werden wird.

> In der Politik machen die Alten Politik –
> und zwar für die Alten.

Ich sehe diese Faktoren, ich sehe, dass die politische, die wirtschaftliche und die finanzielle Macht ganz klar auf der Seite der über 50-Jährigen ist. Für mich sind diese Sachverhalte, diese Machtverhältnisse so offensichtlich, dass ich bereits wieder ins Zweifeln komme, ob der Konflikt zwischen den Generationen wirklich schon entschieden ist.

Denn ich kann mir nicht vorstellen, dass die Jungen das mit sich machen lassen! Zu krass, zu ungerecht sind die Verhältnisse: Das läuft ja auf eine moderne Form der Sklaverei hinaus. Die Jungen werden zugunsten der Alten ausgebeutet. Sie schuften und malochen, um die verfettete Bürokratie zu finanzieren und den Lebensstandard der Alten über die Renten-, Kranken- und Pflegekassen sowie die Steuern einigermaßen zu halten. Und sie selbst bekommen dabei immer weniger Netto vom Brutto und schaffen es kaum mehr, ihre Familie durchzubringen.

**Zu krass,
zu ungerecht sind die Verhältnisse:
Das läuft ja auf eine moderne Form
der Sklaverei hinaus.**

In der Tat hat sich laut der offiziellen Antwort der Bundesregierung im Februar 2014 auf eine Anfrage der Opposition im Bundestag in den letzten zehn Jahren die Zahl derer, die neben ihrem Fulltime-Job noch einen Zweitjob brauchen, um über die Runden zu kommen, auf über 2,6 Millionen verdoppelt!

Generationenvertrag? Das ist ein merkwürdiger Vertrag, jedenfalls keiner auf Augenhöhe. Und dann müssen die Jungen sich noch anhören, sie seien schuld daran, dass der Generationenvertrag nicht mehr aufgeht! Bernd Lucke, Vorsitzender der neuen Partei »Alternative für Deutschland« (AfD) spricht von einer »Tatsache, dass die heute Jungen den Generationenvertrag nicht erfüllen, indem sie nicht genug Kinder bekommen.« Das ist ein starkes Stück!

Leben wir bereits in einer Rentnerrepublik?

Wo die wilden Wölfe heulen

Morgens im Berufsverkehr klingt Hoyerswerda wie jede andere Stadt ihrer Größe: Bremsen quietschen vor roten Ampeln, Motoren dröhnen, wenn es wieder weitergeht. Abends aber ist es so still, dass man das Klicken der Ampelanlagen hören kann und die eigenen Schuhsohlen auf dem Asphalt. Früher lebten hier 71.000 Menschen, heute nur noch 37.000. Seit 1990 hat Hoyerswerda mehr als die Hälfte seiner Einwohner verloren. Im Jahr 2025 sollen es nur noch 25.000 sein. RTL hat hier vor mehreren Jahren einen Beitrag gedreht und ihn mit der Titelmelodie von *Spiel mir das Lied vom Tod* unterlegt.

Hoyerswerda schrumpft sich tot. Mit einem Altersdurchschnitt von 50,5 Jahren ist die Stadt *das* Beispiel für unseren Strukturwandel. Und eine Zukunftsvision, vor der sich Ökonomen und Politiker fürchten: ein Ort, an dem ganz wenig junge Menschen ganz viele Alte finanzieren müssen.

> Wer bleibt also in Hoyerswerda?
> Die Alten.
> Die Jungen sind längst abgehauen.

Und das funktioniert einfach nicht: »Jeder, der wegzieht, müsste eigentlich ein Stück Straßendecke und Grünfläche mitnehmen«, sagt der Stadtkämmerer. Denn die Kreditschulden, die die Stadt für Infrastrukturmaßnahmen wie Straßen und Schulen aufgenommen hat, werden nicht weniger. Jeder, der weggeht, hinterlässt denen, die bleiben, eine höhere Pro-Kopf-Verschuldung. Kredite nimmt die Stadt schon seit 2001 nicht mehr auf, trotzdem wird es immer schwieriger, den Schuldendienst zu bedienen. Dazu kommt, dass die Stadt ursprünglich für eine arbeitende Bevölkerung mit Familien aufgebaut wurde. Jetzt sind fast 40 Prozent der Einwohner älter als 60. Und die wollen am öffentlichen Leben teilnehmen und versorgt sein! Ein Pilotprojekt mit Langzeitarbeitslosen, die sich um die Rentner kümmern, wurde wieder gestoppt. Der Bundesgerichtshof hatte interveniert. Wer bleibt also in Hoyerswerda? Die Alten. Die Jungen sind längst abgehauen – in die Ballungszentren Richtung Dresden, Halle, Leipzig und Berlin.

Was in der Oberlausitz schon weit fortgeschritten ist, wird ebenfalls im Westen mehr und mehr Realität – ob wir es wollen oder nicht. Die Landesregierung Niedersachsen rechnet damit, dass im Jahr 2031 das Durchschnittsalter in sieben ihrer Landkreise über 51 Jahre liegen wird. Auch in anderen Bundesländern gibt es schon Wohnungsleerstände, Kinder- und Arbeitskräftemangel. Und einen satten Überschuss an alten Menschen. Kitas und Schulen werden geschlossen, Altersheime eröffnet. Weil das so schleichend passiert, kriegt es kaum einer mit.

Wie soll ich das bezahlen? Das fragen sich die Jungen. Wie soll ich meinen eigenen Lebensunterhalt bestreiten, der ja auch immer teurer wird, geschweige denn eine eigene Familie ernähren und Kinder großziehen, wenn ich außerdem zwei Rentnern den Lebensabend mitfinanzieren muss? Das reicht doch hinten und vorne nicht! So oder so ähnlich denken die Jungen.

Die gesellschaftsverändernden Entscheidungen der deutschen Regierungen sichern das Einkommen der Alten auf Kosten der Jungen ab.

Und die Alten? Die sagen: Das habe ich mir verdient! Ich habe schließlich jahrzehntelang reingebuttert in sämtliche Kassen! Und Kinder großgezogen habe ich außerdem. Wo ist das ganze Geld denn hin? Eine anständige Rente steht mir zu. Und eine Absicherung gegen Gesundheitsrisiken ebenfalls! Wie soll ich mein Alter sonst finanzieren?

Wir schauen hier gerade einem Drama zu, einer »Grufty Horror Picture Show«, für die wir keine Lösung haben. Wie paralysierte Rehe, die nachts über eine viel befahrene Straße laufen und vom Licht herannahender Autos geblendet sind, starren wir uns alle gegenseitig an. Aus lauter Angst bewegt sich keiner – weder die Alten noch die Jungen.

Obwohl, es bewegt sich schon etwas, nur sind das Entscheidungen, die die Machtverhältnisse eher noch krasser machen und den Krieg der Generationen

anheizen: Die wichtigsten gesellschaftsverändernden Entscheidungen der deutschen Bundesregierungen in den letzten Legislaturperioden sichern das Einkommen der Alten auf Kosten der Jungen ab. Konkret:

- Erstens die *Verkürzung der Schulzeit* durch die auf acht Schuljahre zusammengeschrumpfte Gymnasialzeit. Sie wurde gegen den Widerstand der Eltern durchgedrückt und hat den sozialpolitischen Effekt, dass die Jungen ein Jahr früher anfangen zu arbeiten, um dadurch die Rentenkassen, Krankenkassen, Pflegekassen und das Steuersäckel aufzufüllen. Das hat sehr gut funktioniert, kaum einer hat es gemerkt. Von dieser Entscheidung profitieren nicht die gestressten Schüler, nicht die gestressten Eltern, nicht die gestressten Lehrer, nicht die von der schwachen schulischen Grundbildung der Bewerber ohnehin genervten Unternehmer – es profitieren einzig die Rentner.

- Zweitens die *Verkürzung der Studienzeit* durch die Einführung des Bachelors. Das verfolgt exakt den gleichen Zweck wie die Verkürzung der Schulzeit. Weniger Kosten durch überfüllte Universitäten, dafür mehr junge Menschen in sozialversicherungspflichtigen Beschäftigungsverhältnissen.

**Schauen Sie einmal genau hin:
Dieses Rentenpaket ist exakt auf die
Generation der Babyboomer ausgerichtet!**

- Drittens die *Abschaffung der Wehrpflicht*. Wieder ein Jahr pro jungem Mann gewonnen, um die Lebensgrundlage der Rentner zu sichern, indem sozialversicherungspflichtige Beitragszahler generiert werden.

- Viertens der *Ausbau der Kitas* und die *Förderung junger Frauen im Arbeitsleben*: Würden in Deutschland weiter so viele Frauen zu Hause bleiben wie in den letzten Jahrzehnten, dann wäre die Zahl der Erwerbstätigen schon bald so gering, dass das Steueraufkommen und die Sozialbeiträge nicht mehr ausreichen würden, um die Rentner auf dem heutigen Niveau zu finanzieren. Also versucht die Rentnerpolitik – als Familienpolitik getarnt –, mehr Frauen in die Unternehmen zu bringen, wofür die Kinder aus dem Weg müssen.

- Fünftens das jüngste *Rentenpaket*: Entgegen allen demografischen Fakten und gegen jede Vernunft verschiebt die neue Große Koalition in einer ihrer ersten Amtshandlungen das zuvor mühsam auf 67 gesteigerte Renteneintrittsalter wieder nach unten, indem die Rente mit 63 für bestimmte Beitragszahler eingeführt wird. Schauen Sie einmal genau hin: Dieses Rentenpaket ist exakt auf die Generation der Babyboomer ausgerichtet! Wenn der Jahrgang 1964, der stärkste Jahrgang aller Zeiten in Deutschland, in Rente geht, nimmt er das heutige Rentenniveau mit allen gerade beschlossenen Vergünstigungen gerade noch mit. Ab 2030 setzt dann der »demografische Faktor« ein und senkt das Rentenniveau ab. In dieser Zeit von heute bis 2030 gibt die Bundesregierung zusätzliche 160 Milliarden Euro aus Steuermitteln aus, um die Renten aufzustocken! Diese gewaltige Summe kommt ausschließlich den Rentnern von heute inklusive der Babyboomer zugute, also den Alten. Es ist eine gigantische Umverteilung von Jung zu Alt. Die heutigen Jungen bezahlen das alles, und wenn sie selbst ins Rentenalter kommen, profitieren sie nicht einmal davon. Abgesehen davon werden die bis dahin alt gewordenen heutigen Jungen ohnehin schauen müssen, wie sie ihr Alter finanzieren, denn eine weitere Generation von Packeseln, Zugpferden und Ackergäulen wird dann nicht mehr zur Verfügung stehen.

Ich frage mich: Kann das gut gehen?
Warum lassen die Jungen das mit sich machen?

Egal was geredet wird: Wenn Sie sich die Ergebnisse anschauen, plündern die Alten gerade die Jungen gnadenlos aus – durch harte Fakten und auf demokratischem Mehrheitsweg getroffene Entscheidungen. Die logischen Effekte der genannten *fünf gesellschaftspolitischen Entscheidungen* müssten momentan für zumindest einige Zeit sein: mehr sozialversicherungspflichtige Arbeitnehmer als jemals zuvor; Wirtschaftswachstum durch mehr geleistete Arbeit; mehr Steueraufkommen als jemals zuvor; temporäre Entspannung der Kassenlage in den Krankenversicherungen, der Rentenkasse und der Pflegeversicherung.

Merken Sie was? Genau das ist die gegenwärtige Lage. Die Alten haben in den letzten Jahren gut für sich gesorgt!

Ich frage mich: Kann das gut gehen? Warum lassen die Jungen das mit sich machen? Es ist erstaunlich. Es sind eher die jüngeren Politiker, die für die Alten Verständnis haben. Der CDU-Politiker Jens Spahn, seines Zeichens Rentenexperte und mit Mitte 30 einer der jüngsten Politiker im Bundestag, bedauert die Rücknahme der Rente mit 67 zwar und hält das für einen Fehler. Allerdings kann er es auch gut verstehen: »Parteien wollen Wahlen gewinnen. Da ist es nur logisch, dass sie dort um Stimmen werben, wo die meisten zu holen sind.« Ist das noch Pragmatismus oder schon Zynismus?

Meiner Meinung nach sieht Generationengerechtigkeit anders aus!

Skrupel haben da eher schon einige der alten Haudegen: Franz Müntefering zum Beispiel, der frühere SPD-Vorsitzende, der ja die Rente mit 67 maßgeblich mitverantwortet hat, kritisiert als einer der ganz wenigen Politiker die aktuellen Rentenkorrekturen. In einem Interview mit der *Frankfurter Allgemeinen Sonntagszeitung* spricht er von einer »Form von Realitätsverweigerung«. Die Politik müsse »den Mut haben, sich die lange Strecke anzugucken und nicht nur für den Tag zu arbeiten«.

Fakt ist: Die Jungen von heute sind dabei, die Politik der Alten von heute zu bezahlen, ohne selbst davon jemals zu profitieren. Meiner Meinung nach sieht Generationengerechtigkeit anders aus!

Wie weit kann dieses ungleiche Spiel in den nächsten Jahren noch ausgereizt werden? Oder anders gesagt: Wie werden die

Jungen darauf reagieren? Kann es sein, dass die Alten die Jungen gewaltig unterschätzen? Dass sie am Ende die Rechnung ohne den Wirt machen?

Schöne Grüße von Pyrrhus!

1957 gewann die CDU Konrad Adenauers den Bundestagswahlkampf mit dem Slogan »Keine Experimente«. Es war bis heute der größte Triumph einer Partei bei Bundestagswahlen seit dem Krieg. Die Kampagne brachte den Unionsparteien eine satte absolute Mehrheit von 55 Prozent der Mandate.

Ganz offensichtlich hatten die »Werbefritzen« Adenauers mit diesem Motto einen Nerv getroffen im deutschen Volk. Und daran hat sich in den letzten 60 Jahren im Kern nichts geändert. Zwar ist der Mensch generell ein Gewohnheitstier, aber der Deutsche toppt dabei seine Spezies noch. Wir leben hier eine Dinner-for-One-Mentalität: »The same procedure as last year? The same procedure as every year!«

Diese vermeintliche Sicherheit, die aus dem Gewohnten entspringt, ist mir schon immer ein Dorn im Auge gewesen: seine Schäfchen ins Trockene bringen und satt und zufrieden dem Ende entgegendämmern. Die Schäfchen sind für die Rentner tatsächlich schon ganz gut überdacht untergebracht. Ob das allerdings bis zum Ende reicht, das wage ich zu bezweifeln.

> **Zwar ist der Mensch generell ein Gewohnheitstier, aber der Deutsche toppt dabei seine Spezies noch.**

Im Moment steht die deutsche Wirtschaft im Vergleich zu anderen Ländern gut da, vor allem weil die deutschen Arbeitnehmer Lohnzurückhaltung geübt haben und die vorhandenen Arbeitskräfte wie geschildert bis an die Schmerzgrenze mobilisiert wurden: Stichwort Berufsarmee, Bachelor, G8 ... Mehr geht aber nicht. Durch die zunehmende Überalterung der Belegschaften, durch den immer geringeren Anteil gut ausgebildeter junger Menschen am Personal wird die deutsche Wirtschaft zwangsläufig schon in Kürze ihre Agilität verlieren. Wo sollen die erforderlichen Produktivitätszuwächse herkommen? Von den Alten?

Und die Jungen? Die sind flexibel! Und vor allem mobil. Was hält einen jungen, gut ausgebildeten Leistungsträger, der den Frontenverlauf im Generationenkrieg durchschaut hat, davon ab, einfach das Land zu verlassen? Einem jungen deutschen Ingenieur oder IT-Experten stehen auf der ganzen Welt die Türen sperrangelweit offen. Warum sollte er eine Staatsquote von hierzulande 55 Prozent finanzieren? Warum sollte er zwei Rentner mit durchfüttern? Warum sollte er im Übermaß in Kassen einzahlen, die er selbst kaum je nutzt? Und warum soll er sich dann auch noch beschimpfen lassen, dass er zu wenig Kinder bekommt und so nicht genügend künftige Beitragszahler in die Welt setzt, damit der Lebensstandard der Alten gehalten werden kann?

> **Wo sollen die erforderlichen Produktivitätszuwächse herkommen? Von den Alten?**

Wenn die Jungen plötzlich entdecken, dass es ihnen in anderen Ländern deutlich besser geht, sie dort vielleicht sogar einen Kapitalstock für sich aufbauen können, um für ihr eigenes Alter selbst vorsorgen zu können, dann werden sie die Alten in ihrem deutschen Schlamassel einfach sitzen lassen.

Bevor der Staat sich selbst schrumpft, weil ihm die Mittel ausgehen, wird er erst mal den Rentnern selbst ans Leder gehen. Den Alten wird dann vielleicht Ähnliches passieren wie dem 89-jährigen Rentner, den ich neulich in einer Fernsehreportage gesehen habe: Er bekam eines schönen Tages Post vom Finanzamt – und erschrak fürchterlich. 6.000 Euro wollte die Staatskasse haben. Das war die Steuernachzahlung für die Jahre zwischen 2005 und 2013 inklusive Zinsen. Nein, der ältere Herr hatte nichts falsch gemacht, er war kein Steuerhinterzieher. Er war schlicht und einfach davon ausgegangen, nicht mehr steuerpflichtig zu sein. So war es nämlich zwischen 1995 und 2005. Bis der Fiskus merkte, dass das Geld nicht reichte – und heimlich, still und leise das Steuergesetz änderte. In der Öffentlichkeit bekam davon kaum jemand etwas mit. Plötzlich, 2013, erhielten die Rentner Post – Steuern rückwirkend für die letzten acht Jahre plus Zinsen!

> **Ich finde so etwas unsensibel, instinktlos und gemein!**

Viele hochbetagte Menschen, denen es so erging, mussten das Geld regelrecht zusammenkratzen, es sich in Familie und Bekanntenkreis zusammenleihen, um es dem Staat zu überweisen. Denn wovon soll jemand, der selbst nur ein paar 100 Euro Rente bekommt, 6.000 Euro und mehr nehmen? Schlimm war diese Reportage. Und selbst wenn man noch ein bisschen Fernsehdramatik abzieht, blieb bei mir das Gefühl des Entsetzens und der Empörung über solche Umgangsformen zurück. Ich finde so etwas unsensibel, instinktlos und gemein! Aber falls wir Pech haben, war das nur ein Vorgeschmack. Wenn der Staat der Babyboomer aus den Jungen nichts mehr herausquetschen kann, wird er den Druck auf die ganz Alten erhöhen müssen. Die Bundestagswahlen werden dann spannend.

Die Zombie-Republik

In diesem ersten Teil des Buches habe ich ganz bewusst schwarzgemalt, allerdings mit echten Farben. Ich bin mir trotz der schlimmen Faktenlage ganz sicher, dass es so nicht kommen wird. Der Mensch ist nämlich ein Problemlösungspezialist und sowohl auf der individuellen Ebene als auch auf der kollektiven Ebene extrem anpassungsfähig.

Ich habe Ihnen im ersten Kapitel die Fakten gezeigt, die ich zusammentragen konnte. Das Ergebnis ist ein Zusammentreffen von unterschiedlichen, aber insgesamt sehr gefährlichen Tendenzen der demografischen Entwicklung in Deutschland. Der Effekt ist, *dass wir in rasanter Geschwindigkeit zu einem Land der Greise werden*.

Als Nächstes habe ich Ihnen geschildert, vor welchen großen Problemen die deutsche Wirtschaft steht, weil in den nächsten Jahrzehnten zwangsläufig die Arbeitskräfte ausgehen werden. Die Anpassungsleistungen der Unternehmen werden zwar enorm sein, aber es ist zweifelhaft, ob es reichen wird, um unsere Wirtschaftskraft auf dem heutigen Niveau zu halten.

Dann habe ich Ihnen beschrieben, wie stark das Alter angstbesetzt ist, wie sehr wir uns davor fürchten, körperlich und geistig zu verfallen und unsere Selbstbestimmung zu verlieren.

Durch die entvölkerten Landstriche neben der Autobahn ziehen Wolfsrudel.

In diesem letzten Kapitel des ersten Teils schließlich habe ich Ihnen geschildert, dass der Krieg der Generationen längst begonnen hat und dass die schon jetzt bestehenden Machtverhältnisse für die nachrückende Generation nichts Gutes verheißen. Wir entwickeln uns auf Kosten der Jungen immer mehr zu einem *Rentnerstaat*. Allerdings ist der irgendwann nicht mehr finanzierbar. Und selbst die schlauesten Tricks der Parteistrategen werden in naher Zukunft aus den Jungen nicht mehr Geld herauspressen können.

Und dann?

Bevor ich im zweiten Teil des Buches zu den Lösungsmöglichkeiten dieser beispiellosen Krise komme, auf die wir gerade zusteuern, werde ich noch einmal Kassandra spielen und den Teufel an die Wand malen: Wie wird es in Deutschland sein, wenn die Jungen ausgeplündert und in die Flucht geschlagen wurden? Wie werden wir leben, wenn die Kassen geleert und die Pfründe verteilt sind – aber nichts Neues zum Verteilen mehr nachwächst? Wie sieht das Szenario eines Landes aus, das vielleicht im Jahr 2050 in der gleichen Situation ist wie ein Bauer, der sein Saatgut aufgegessen hat?

Ich zeige es Ihnen: UHUs überall – unter Hundertjährige. In den Wohnungen, in den Straßen, in den Geschäften, in den Cafés und Restaurants. Das Tagesgericht ist der Seniorenteller. Überall gibt es diese »Rentnerstädte«. Das Durchschnittsalter ihrer Einwohner liegt bei 75 Jahren.

> **Das Tagesgericht ist der Seniorenteller.**

Auf dem Land gibt es nur noch einige wenige solcher »Seniorendörfer«. Der Rest verwildert. Durch die entvölkerten Landstriche neben der Autobahn ziehen Wolfsrudel.

Einige Dörfer beziehungsweise Stadtbezirke werden von indischen Firmen extra für die Senioren geplant und gebaut – schwellenfrei, altersgerecht. Professionelle Kümmerinnen kümmern sich darum, dass die latenten Nöte nicht in akute umschlagen. Sie machen Enkäufe, organisieren Arztbesuche, sorgen dafür, dass die Mahlzeiten nicht vergessen werden und der Fernseher funktioniert. Außerdem schauen sie nach, ob die Zeitungen morgens reingeholt werden – wenn nicht, klingeln sie, sehen nach dem Rechten, damit ihre Schützlinge nicht tagelang unbemerkt mit einem Oberschenkelhalsbruch, einem Gehirnschlag oder einer Überdosis Schlaftabletten zu Hause liegen. Aber solche Wohnareale sind Sonderfälle, Idealfälle für die, die es sich leisten können. 200.000 Euro kostet nämlich ein Grundstück mit Haus und Erschließung im Seniorendorf.

> **Schlecht versorgte, kranke und verwahrloste Alte humpeln und schlurfen mit Handwägelchen durch die Straßen.**

Die meisten haben nicht so viel Geld, denn die Steuern sind immens hoch, bis zu 80 Prozent, damit der Staat seine Bürokratie aufrechterhalten und die Überweisungen nach Brüssel leisten kann, wo die reichen, jüngeren Volkswirtschaften wie die Türkei vehement den Beitrag der Deutschen einfordern. Ein wenig trägt die Entwicklungshilfe aus einigen afrikanischen Ländern zur Linderung bei. Wohlhabende Namibier haben Patenschaften für notleidende deutsche Rentner eingerichtet.

Aber viele halten nicht durch. Sie gehen leise: Jeden Tag sterben im Deutschland des Jahres 2050 viele Alte in ihren Mietswohnungen – es wird erst nach ihnen geschaut, wenn die Mietzahlungen ausbleiben. Tagelang liegen alte Menschen manchmal unbemerkt auf dem Boden oder im Bad, verletzt, verhungert, dehydriert, bis jemand ihr Fehlen bemerkt. Oft ist es dann schon zu spät.

Und wo sind die Jungen? Sie sind ja ohnehin nicht sehr zahlreich. Aber die intelligentesten und am besten ausgebildeten von ihnen sind längst weggezogen und leben in den Boomstädten in Asien, Afrika oder Südamerika.

Die meisten jungen Menschen in Deutschland kommen aus Asien: Es sind Pflegekräfte, die unsere Alten pflegen. Drei Monate bleiben sie, dann kommt die Schwester oder Schwägerin oder die Freundin und übernimmt. In den Stadtzentren wird nachts Chinesisch, Mongolisch oder Burmesisch gesprochen. Und es ist längst kein Geheimnis mehr, dass ganze Stadtviertel unserer Städte fest in russischer Hand sind. Bei Wohnungsbesichtigungen wird nicht um den Preis verhandelt, sondern ein Koffer mit Geld auf den Tisch gelegt. Die deutschen Interessenten, die »noch mal drüber schlafen wollen«, können da nicht mithalten.

> Und kaum einer hört ihm zu –
> weil sich niemand mehr
> ein Hörgerät leisten kann.

Aber bleiben wir bei den Alten, das andere ist ein Thema für sich. Wie werden wir also wohnen? Wird es Ghettos geben in den Städten, in denen die Alten wohnen, und abgegrenzte Bereiche, die den wenigen verbliebenen Jungen vorbehalten sind?

Ein einziges großes Altersheim wird dann aus unserer Bundesrepublik, ein Geisterland, das langsam, aber sicher verwest.

Schlecht versorgte, kranke und verwahrloste Alte humpeln und schlurfen mit Handwägelchen durch die Straßen, suchen sich die leeren Flaschen im Müll zusammen, um ein paar Cent fürs Pfand zu kriegen. Rentner ziehen mit alten Einkaufstüten durch die Innenstädte, durch Bahnhöfe und über gut frequentierte öffentliche Plätze und betteln bei den reichen Ausländern, um ihre Rente aufzupeppen. Dazwischen sieht man auch einige jüngere Familienväter in den Mülleimern wühlen, die nach Essbarem für ihre hungrigen Kinder suchen.

Immer wieder kommt es zu Gewalttaten, wenn die verlorene Generation der übrig gebliebenen Jungen sich an hilflosen alten Menschen rächt, sie bestiehlt oder sie aus dem Rollstuhl kippt. Die Kriminalitätsrate in den Städten steigt.

Der *Krieg der Generationen* ist in die Endphase eingetreten: in die totale Verelendung. Das Vermögen der Deutschen kann nicht gehalten werden, es versickert in der Berliner und der Brüsseler Bürokratie, das Kapital der Unternehmen wechselt in die Hand ausländischer Investoren, die die sterbenden Märkte vollends abschöpfen, während die deutsche Wirtschaft immer weiter schrumpft.

Die Alten haben ihr Druckmittel verloren. Sie resignieren. Wer in den Bundestag gewählt wird, ist belanglos. Der erste Kanzler, der über 100 Jahre alt ist, erzählt in seiner Internetansprache noch von den guten alten Zeiten, als das Land voller Kinder war. Kaum einer kann sich mehr daran erinnern. Und kaum einer hört ihm zu – weil sich niemand mehr ein Hörgerät leisten kann.

Kompakt:

Immer weniger Junge müssen immer mehr Alte finanzieren. Das Problem dabei: Wer die Mehrheit hat, hat die Macht und das sind nicht mehr die, die den Wohlstand erwirtschaften, sondern ihn verbrauchen: Die Alten.

Der Krieg der Generationen hat begonnen. Die Jungen werden mehr und mehr zur Kasse gebeten bis über die Schmerzgrenzen hinaus – und irgendwann die Rentner sogar rückwirkend.

Die Städte stellen sich auf die älter werdende Bevölkerung ein, auf dem Land vergreisen die Dörfer oder sterben aus.

Wer es sich leisten kann, geht in ein Seniorendorf. Die anderen sterben unbemerkt. Deutschland verelendet. So jedenfalls ein Schreckensszenario, das hoffentlich nie eintreten wird.

II. Teil:

Die zweite Luft

Kapitel 4:

Warum Altwerden mehr ist als Fernsehgucken

Wer tut, was er immer tut, bekommt die Ergebnisse, die er immer bekommt. Dieser schöne Satz klingt so logisch, dass es fast schon trivial ist. Aber ganz offensichtlich beinhaltet er eine Weisheit, die für die meisten von uns im Alltag ganz schwer umzusetzen ist. Denn das würde ja bedeuten: Wir selbst müssen etwas ändern, wenn uns die Verhältnisse nicht gefallen. Und zwar nicht nur per Abstimmung am Wahltag, sondern im Leben des Menschen, der uns aus dem Spiegel heraus anschaut. Wir müssen etwas ändern in unserem eigenen Denken und Handeln.

Sich ohnmächtig fühlen, zu Hause rumsitzen, Talkshows oder Politmagazine gucken und sich darüber mokieren, dass »die da oben« wieder mal alles falsch machen und alles aus dem Ruder läuft – das ist einfach. Etwas *aktiv zu verändern* ist die viel größere Herausforderung – und die lohnendere dazu!

Systeme haben ein enormes Beharrungsvermögen.

Dagegen anzukämpfen hat etwas von Don Quichotte.

Es ist mir wichtig zu differenzieren, denn ich habe im Laufe der Jahre gelernt und verstanden, dass meine Weltsicht eine individualistische ist. Deshalb geht es mir nicht darum, gesellschaftliche Systeme oder Gruppierungen zu ändern. Ich halte es mittlerweile sogar für sinnlos, ein Unternehmen, ein Bundesland, ein Land oder überhaupt andere Menschen »verändern« zu wollen. So wie ich es sehe, sind Unternehmen wie die Menschen, die darin arbeiten. Und Länder so wie die Menschen, die darin leben. Das gilt auch für das Renten-, das Gesundheits- oder das Wirtschaftssystem – sie sind das Ergebnis langwieriger gesellschaftlicher Prozesse, die sich aus den Grundeinstellungen der Menschen ergeben. Systeme haben ein enormes Beharrungsvermögen. Dagegen anzukämpfen hat etwas von Don Quichotte.

Laut einer von der *Frankfurter Allgemeinen Zeitung* beauftragten Umfrage des Allensbach-Instituts vom November 2013 (Allensbacher Archiv, IfD-Umfrage 11017) ist derzeit die Mehrheit der Deutschen der Meinung, der Staat sollte die Preise und die Löhne und die Mieten kontrollieren und eingreifen, wenn sie zu hoch sind. Das Misstrauen in die Marktwirtschaft scheint so groß zu sein, dass viele damit Begriffe wie »Gier«, »Rücksichtslosigkeit« und »Ausbeutung« verbinden – so die Demoskopen. Mit einem »staatlich organisierten Wirtschaftssystem« assoziieren dagegen mehr als die Hälfte der Bürger »Sicherheit«. Ich bin fast vom Stuhl gefallen, als ich die Ergebnisse dieser Umfrage las. Dass die Deutschen aus dem Niedergang der Zentralverwaltungswirtschaften in der DDR und im gesamten ehemaligen

»Ostblock« nichts gelernt beziehungsweise vergessen haben, dass der gewaltige Anstieg des Wohlstands nach dem Krieg im deutschen »Wirtschaftswunder« auf einem marktwirtschaftlichen Wirtschaftssystem basierte, das hat mich schwer erschüttert.

Woran auch immer diese furchtbare Fehleinschätzung liegt – vielleicht an einer mehrheitlich wirtschaftsfeindlichen oder zumindest sehr wirtschaftsfernen Einstellung vieler Lehrer in den Schulen über Jahrzehnte hinweg –, diese kollektive Grundstimmung erklärt doch recht gut, warum unsere Politik seit Jahren die Staatsquote immer weiter erhöht, den privaten Sektor immer weiter einschnürt, immer stärker in marktwirtschaftliche Prozesse eingreift und, gemeinsam mit Brüssel, die Planwirtschaft in immer mehr Wirtschaftsbereichen ausdehnt. Die vielfältigen Ober- und Untergrenzen, die Deckelungen und Preisbremsen, die Quoten und Vorgaben, die staatlicherseits in immer mehr Sektoren installiert werden, schwirren mir nur so im Kopf herum und klingeln mir in den Ohren.

Dass die Politik die gesellschaftlichen Systeme staatswirtschaftlich gestaltet und den effizienten Preisbildungsmechanismen der Märkte immer weniger vertraut, ist somit lediglich ein Reflex auf die Einstellung und das Verhalten der Menschen. Die Politik hinkt in der Regel ungefähr ein Jahrzehnt hinterher und gießt in Gesetze und Verordnungen, was die Menschen vor zehn Jahren gedacht und geglaubt haben – weil sie den Menschen gefallen will. Das ist das Wesen einer Demokratie.

In Bezug auf unseren Wohlstand ist dieses konkrete Beispiel der Allensbach-Umfrage eine mehr als besorgniserregende Nachricht. Doch es gibt auch eine gute Nachricht: Die Einstellung der Menschen wandelt sich gerade!

Die Politik gießt in Gesetze, was die Menschen vor zehn Jahren gedacht haben

Wenn sich also das, was die Menschen über das Alter denken und wie sie alten Menschen begegnen, in den nächsten Jahren und Jahrzehnten ebenso verändert wie die Einstellung und das

Verhalten der alten Menschen selbst, dann wird sich – wenngleich mit Verspätung – die Politik der »da oben« auch verändern.

Ich bin davon überzeugt, dass sich unsere Gesellschaft auf die skizzierte besorgniserregende demografische Entwicklung einstellen wird. Und zwar nicht, weil die Politiker es endlich begreifen, sondern weil sich die *Einstellung der Menschen zum Alter* verändert – was dann zwangsläufig zu einer angepassten Politik führt.

Gesellschaftliche Veränderungen vollziehen sich in der Regel folgendermaßen: Zuerst ändert sich das Denken der Individuen, dann ihr Verhalten, danach die Kultur der Gesellschaft und am Ende die gesellschaftlichen Systeme. Natürlich passen die Menschen ihr Verhalten ebenfalls den jeweiligen Systemen an, so wie auch ihr Denken oft das Ergebnis der Kultur ist, in der sie leben. Das will ich nicht leugnen. Ich glaube aber an die weltverändernde Kraft des Individuums, weil im Denken, Glauben und Fühlen der Menschen der Kern einer jeden Gesellschaft liegt. Kein politisches System der Welt kann auf Dauer bestehen bleiben, wenn die Menschen ihre Einstellung ändern. Das Individuum prägt die Gesellschaft in der Summe stärker als die Gesellschaft das Individuum.

Ich glaube an die *Macht des Individuums*. Darauf zähle ich! Das ist unsere Chance!

Wer trägt hier die Verantwortung?

Machen wir es konkreter: Stellen Sie sich einen Arzt vor, der morgens gegen sechs Uhr aufsteht und um halb acht das Haus verlässt, um so früh wie möglich für die ersten Patienten da zu sein. Das Wartezimmer ist immer schon rappelvoll, wenn er seine Praxis betritt. Der Arzt hat jahrelang studiert, promoviert und jede Menge Wissen und Erfahrungen angesammelt, wie man mit den verschiedensten Erkrankungen umgeht.

> Ich glaube an die Macht des Individuums. Darauf zähle ich!

Nun stellen Sie sich Herrn Müller vor, einen Patienten, der bereits seit Jahren zu diesem Arzt kommt. Leider wird Herr Müllers Gesundheitszustand immer schlechter: Er leidet unter Übergewicht, Bluthochdruck, seine Kniegelenke machen auch nicht mehr so recht mit, weshalb er an Krücken geht. Lange Strecken kann er nicht zurücklegen, dann wird er kurzatmig. Das Bücken fällt ihm ebenfalls schwer, denn dann murren die Bandscheiben. Seine Blutwerte sind schlecht, insbesondere das Cholesterin und der Blutzuckerspiegel.

Der Arzt kennt Herrn Müller inzwischen in- und auswendig. Er ärgert sich, dass seine Behandlung offenbar nichts verbessert. Das Gegenteil ist der Fall. Würde man ohne Kenntnis der näheren Umstände auf die Entwicklung von Herrn Müllers gesundheitlichen Daten schauen, müsste man annehmen, dass der Arzt ihn

»In puncto Lebensstil ist sich Herr Müller bis zum Ende treu geblieben.«

nicht gesund, sondern krank macht. Tatsächlich hat er alles an Medikamenten und Maßnahmen ausprobiert, was die Medizin so zu bieten hat. Jedoch blieb alles ohne Erfolg oder brachte nur kurzfristige Linderung. Herrn Müller geht es immer schlechter. Ist der Arzt also ein Quacksalber? Sollte Herr Müller besser wechseln?

Nun, die Wahrheit ist: In diesem Behandlungsverlauf fehlt tatsächlich etwas, worauf der Arzt leider keinen Einfluss hat: und zwar die Bereitschaft von Herrn Müller, etwas in seinem Leben zu verändern. Die Verantwortung zu übernehmen für *seine* Lebensweise, *seine* Ernährung, *sein* Bewegungsverhalten.

Er nimmt vielleicht all die Mittelchen brav, die ihm der Arzt verschreibt, denkt oder sagt aber im gleichen Atemzug: »Ach, Herr Doktor, die zwei Stückchen Kuchen am Nachmittag ...«

Beim nächsten Arztbesuch heißt es: »Es sind doch nur zwei Packungen Zigaretten ...«

Und beim übernächsten Termin: »Die drei Bier am Abend und die paar Stunden vor dem Fernseher ... Ich bitte Sie, das macht doch jeder ...«

Der Arzt sieht die negative Entwicklung und kann trotzdem nichts dagegen tun, weil er auf die Einstellung seines Patienten keinen Einfluss hat. Er doktert an ihm herum und tut sein Bestes. Aber er unterliegt einem Irrtum, wenn er glaubt, dass die Medizin gesund macht. Gesund machen kann sich jeder nur selbst.

Wie der Arzt doktern auch unsere Politiker hilflos an unseren Systemen herum und versuchen, die demografische Entwicklung in den Griff zu bekommen. Sie bauen das Kita-Angebot aus und erhöhen das Kindergeld, sie betreiben aktive Familienpolitik und geben Milliarden dafür aus. Doch was passiert? Die Geburtenraten sinken weiter. Was immer die Politik auch macht, die Alten werden älter, die Arbeitsfähigen weniger, die Babyboomer gehen in die Rente. Dagegen ist kein Kraut gewachsen, egal welche Farbe die Regierungspartei gerade hat.

Und der Patient? Er schimpft auf den Arzt und die Medikamente, die nichts helfen. Und macht weiter wie bisher. Für seine Gesundheit fühlt er sich nicht selbst verantwortlich und torpediert die Behandlung tagtäglich mit seiner *Einstellung*: einer Anspruchs- und Versorgungsmentalität. Sport machen? Zu anstrengend. Das Bier? Schmeckt halt. Fernsehen? Was soll man sonst machen. Rauchen? Aufhören schafft er nicht. Süßspeisen? Findet er einfach zu lecker. Medikamente? Nimmt er ein, helfen aber nicht. Doch die Arzt- und Arneimittelkosten lässt er sich von der Solidargemeinschaft seiner Krankenkasse gerne bezahlen – bis ihn eines Tages buchstäblich der Schlag trifft.

Genauso leben wir bequem und gut versorgt dem demografischen Supergau entgegen. Wir erheben unsere Ansprüche, wenn es um die Alterversorgung geht: Wir wollen so früh wie möglich in den Ruhestand abtreten und anschließend eine Rente kassieren, von der wir gefälligst auch leben können! Und die Politik soll dafür sorgen, dass diese Rente sicher bleibt. Verständlich. Aber wer das bezahlen soll, ist uns egal. Wir wollen, dass die Kinder der anderen die Kosten unseres Alters tragen, obwohl wir selbst vielleicht nur ein oder kein Kind haben. Und überhaupt: Warum ist unser Unterhalt im Alter eigentlich die Sache unserer Kinder?

Beim Thema *Selbstverantwortung* machen die meisten Menschen dicht. Immer dann, wenn es darum geht, Ansprüche zu stellen, fehlen uns die Worte nicht, aber die konkreten Lösungen sollen dann bitte andere finden.

Der erste Teil dieses Buches hat eindrücklich gezeigt, dass es damit nicht getan ist. Wir können so nicht weitermachen. Wir können es uns nicht mehr leisten, mit so wenig Selbstverantwortung alt zu werden.

Bei den Ansprüchen fehlen uns die Worte nicht, aber die konkreten Lösungen sollen dann bitte andere finden.

Die Wurzel allen Übels, der wahre Grund für unser »sterbenskrankes System«, liegt tiefer, nämlich in der individuellen Perspektive, die jeder Einzelne seit Jahren und Jahrzehnten in Bezug auf das Älterwerden und auf ältere Menschen einnimmt.

Finden wir das Älterwerden scheußlich oder schön? Sind alte Menschen etwas Ekliges oder etwas Ehrenwertes? Sind die Alten der »Blinddarm« einer Gesellschaft, ein Wurmfortsatz, den keiner mehr braucht, der aber bereits total entzündet und kurz vorm Platzen ist? Sind die Alten die Abgehalfterten, die mit der Rente das Gnadenbrot bekommen?

Oder sind sie ein wichtiger, notwendiger und vor allem wertvoller Teil unserer Gesellschaft, ohne den es nicht geht und um dessen Rehabilitation wir uns jetzt endlich kümmern müssen – und zwar nachhaltig?

Unsere Einstellung macht den Unterschied. In meinem Buch *Ausgetickt. Lieber selbstbestimmt als fremdgesteuert* habe ich aufgezeigt, wie Selbst- beziehungsweise Fremdbestimmung einen Burn-out beeinflussen: Gehe ich davon aus, dass ich mir den Stress selbst mache, weil ich das so will? Oder bin ich der Ansicht, dass er mir von außen auferlegt wird? Fühle ich mich als Akteur oder als Opfer? Das macht den eigentlichen Unterschied aus, ob eine Tätigkeit uns krank macht oder stärkt.

Die Veränderung des Blickwinkels wirkt sich auch beim Thema Älterwerden aus. Schrecklich oder schön? Grauenhaft oder genial? Furchtbar oder voller Möglichkeiten? Problem oder Chance?

Ist das Älterwerden grauenhaft oder genial?

Um zu verstehen, inwiefern ein Perspektivwechsel notwendig wird, hilft ein Blick auf die Lebensziele und -entwürfe, die wir bislang gelebt haben.

Es ist Zeit für »Plan C«

Das Arbeitsleben unserer Eltern und Großeltern folgte einem sehr einfachen Plan: Sie gingen zur Schule, absolvierten eine Ausbildung oder ein Studium, übten eine berufliche Tätigkeit als Zimmermann, Werksarbeiter, Verwaltungsangestellter, Ingenieur oder Unternehmer aus, traten nach mehreren Jahrzehnten in den Ruhestand ein – und dankten eines Tages ab.

Der Film *Pappa ante Portas*, von und mit Loriot, beleuchtet auf humorvolle Weise, was weitverbreitet und in Wirklichkeit sehr viel ernster ist: den sogenannten »Pensionierungsschock«.

Plötzlich ist »Pappa« oder der »Gatte« nur noch zu Hause. Er, der Ernährer, der früher nach dem Frühstück das Haus verließ und erst abends zurückkehrte, hat auf einmal viel Zeit. Anfangs findet er das noch schön: Er kann aufstehen, wann er will, mit dem Hund rausgehen, wann er will, sich am Kiosk um die Ecke seine Zeitung kaufen und sie in aller Ruhe lesen ... Doch irgendwann ist Schluss, und er verliert die Lust am Dauerurlaub. Nach einer Weile hängt er nur noch herum und weiß nichts mehr mit sich anzufangen. Im Film besäuft sich Loriot mit der Haushälterin und bestellt palettenweise Senf, weil der gerade im Angebot ist. Kein Mensch braucht so viel Senf, aber »Pappa« hat sich nützlich gemacht!

Ich kenne eine Dame, für die die Pensionierung ihres Mannes zum echten Problem wurde. Auch er saß nur noch zu Hause. Der Höhepunkt der Krise kam, als sie selbst ebenfalls das Rentenalter erreichte. Da hingen auf einmal zwei in der Wohnung herum und gingen sich gegenseitig auf die Nerven.

Sie fing daraufhin freiwillig – freiwillig! – wieder zu arbeiten an, um wenigstens eine Zeit lang außer Haus zu sein und weiterhin eine Aufgabe zu haben. Sie wollte nichts von Homeoffice hören. Sie wollte zurück ins Büro!

Auch viele Männer möchten nach ihrer Pensionierung am liebsten wieder zurück in die Firma. Dann sieht man sie am Werkstor stehen, wie sie traurig und sehnsüchtig auf das Gelände der Fabrik schauen, in der sie jahrzehntelang eine Aufgabe hatten. In der sie gebraucht wurden. *Pappa ante Portas* ist Realität!

> **Auch viele Männer möchten am liebsten zurück in die Firma.**

Etwas leisten zu können, etwas voranzubringen und Ergebnisse zu sehen, das ist für den Menschen von essenzieller Bedeutung. Er hat, wenn ihm dies genommen wird, schlicht und einfach das Gefühl, *bedeutungslos* zu sein. Mit verheerenden Folgen nicht nur für ihn persönlich, sondern auch für seine Partnerschaft, ja für die ganze Familie. Dieser Mensch muss sich im Alter eine neue Aufgabe suchen – allein oder mit Unterstützung. Aus der »Einwegkarriere« wird sonst ganz schnell eine ausweglose Situation.

Diesen einfachen Plan, dem Generationen folgten, nennt man den *linearen Lebensplan*. Vereinzelt findet man ihn noch heute, doch eher selten.

Mittlerweile nehmen immer mehr Menschen einen anderen Weg: Sie absolvieren eine Ausbildung oder ein Studium, gehen ein paar Jahre lang einer Erwerbstätigkeit nach, hören auf damit, bilden sich weiter oder machen eine neue Ausbildung, treten wieder in eine Erwerbsphase ein – und orientieren sich nach ein paar Jahren möglicherweise erneut anders. Je nach Alter oder Vermögen studieren manche noch einmal oder zum ersten Mal und eignen sich all das an, was sie schon immer interessierte, etwa auf dem Gebiet der Geisteswissenschaften, der Geschichte, Kunst, Philosophie oder Ähnlichem. Zwischen Schule und Rente sind sie mal selbstständig, mal angestellt, wechseln die Branche, fangen in einem anderen Arbeitsfeld ganz von vorne an …

Dieser sogenannte *zyklische Lebensplan*, der etwas von *Jobhopping* hat, ist heute weitverbreitet. Nichts ist mehr sicher: Was einmal studiert oder gelernt wurde, gehört oft nicht mehr zu den Inhalten des tatsächlichen Arbeitslebens. Führungskräfte, die gestern noch bei der Bahn waren, kümmern sich heute um Flugzeuge. Und die, die sich heute um Flugzeuge kümmern, gehen morgen in die Pharmaindustrie.

Dieser zyklische Lebensplan ist eine Weiterentwicklung des linearen: Er schenkt uns mehr Freiheiten, lässt eine größere persönliche Entwicklung zu und sorgt nicht zuletzt auch in den Unternehmen für Farbe und Vielfalt. Kein Mensch muss mehr zehn, 20 oder gar 50 Jahre etwas »durchziehen«, wenn es ihm nicht gefällt.

> Der zyklische Lebensplan schenkt uns mehr Freiheiten.

Doch irgendetwas fehlt immer. Weder der lineare noch der zyklische Lebensplan sind heutzutage wirklich zielführend und erfüllend. Der eine ist einfach unrealistisch geworden. Zwar kann man, wenn man etwas von der Pike auf lernt und in diesem Arbeitsfeld immer dranbleibt, in der Tat Karriere machen und Meisterschaft erringen. Trotzdem erweist sich dieser Lebensentwurf als zu unflexibel, weil sich die Bedingungen, die Technologien, die Branchen und die Unternehmen rasant schnell entwickeln beziehungsweise verändern. Was wir gestern gelernt haben, kann morgen schon nutzlos sein. Und was bringt dann eine 20-jährige Betriebszugehörigkeit? Was nutzt es, wenn Sie eine Maschine bedienen können, die schon längst von Robotern ersetzt worden ist?

Und der zyklische Lebensplan? Ja, er schenkt uns zwar mehr Freiheiten, aber wer immer wieder von vorne anfängt, kommt zu nichts! Dieser Entwurf hat etwas Beliebiges – es ist ein wenig zu viel Glückssache dabei, wohin es uns verschlägt. Auf diese Weise können Sie niemals Besonderes leisten, weil Sie immer Anfänger bleiben.

Es gibt jedoch noch eine andere Möglichkeit. Das Vorbild dafür ist für mich Franz Beckenbauer. Wie war das bei ihm? Von 1964 bis 1983 war er als Fußballspieler in mehreren Vereinen tätig, die meiste Zeit beim FC Bayern München. Mit herausragendem Talent gesegnet, zählte er schon in jungen Jahren zu den Besten der Welt. Er entwickelte einen ganz eigenen Spielstil und prägte mit seiner Interpretation der Position des »Liberos« die Spielsysteme im Fußball für über zwei Jahrzehnte lang. Sein größter Erfolg als Fußballer war der Gewinn der WM 1974. In dieser Weltmeistermannschaft war er der Kopf und das Hirn sowohl auf als auch neben dem Platz. Damals erwarb er sich aufgrund seines aristokratisch anmutenden Bewegungsablaufs, aber ebenfalls wegen seiner unumschränkten Macht auf dem Platz seinen Ehrennamen »Kaiser«. Franz Beckenbauer war als Fußballer herausragend erfolgreich. Das war seine erste Karriere.

Dann folgte die zweite: Als »Teamchef« des FC Bayern München sowie der Nationalmannschaft verstand er es, seine Siegermentalität und seine Dominanz auf seine Mannschaften zu übertragen. Beinahe zwangsläufig wurde er in seiner Funktion als Trainer der Nationalmannschaft 1990 in Italien erneut Weltmeister. Auch diese zweite Karriere verlief herausragend erfolgreich.

Und schließlich erkannte er instinktiv, wann es Zeit war, erneut in eine andere Rolle zu schlüpfen. Im Amt des Präsidenten des FC Bayern München stand er einem der solidesten und erfolgreichsten Fußballclubs der Welt vor. Als international umtriebiger Fußballfunktionär holte er die Weltmeisterschaft 2006 für den Deutschen Fußballbund nach Deutschland. Dabei erwies er sich als geschickter Verhandler und souveräner Kommunikator. Mit Fleiß, Charme und Disziplin wickelte er nach und nach alle nationalen Verbände und alle kontinentalen Vereinigungen um den Finger, bis schließlich im Weltfußballverband Einigkeit herrschte, die WM dem »Kaiser« anzuvertrauen.

Die Weltmeisterschaft 2006 wurde dann zu einem einzigartigen Fest und ging als »Sommermärchen« in die Geschichte und ins Bewusstsein der Deutschen ein. Was Franz Beckenbauer damit für sein Land geleistet hat, ist gar nicht zu überschätzen. Auch in seiner dritten Kariere war er herausragend erfolgreich.

Was zeigt uns der Lebenslauf des »Kaisers«? Er zeigt uns, dass man sein Können über die Jahre verfeinern und zu wahrer (Welt-)Meisterschaft bringen und die Erfahrungen sowie das Wissen schließlich an andere weitergeben kann, um es weiterhin nutzbar zu machen – über die eigene Karriere hinaus. Dieser Werdegang belegt, dass es eine berufliche Evolution gibt. Obwohl die drei Karrieren des Franz Beckenbauer jeweils auf unterschiedlichen Fähigkeiten basierten, entwickelte sich eine Karriere aus der anderen. Ohne die Meisterschaft als Spieler wäre er nicht zum Teamchef berufen worden; und ohne die Meisterschaft als Teamchef wäre er nicht Fußballfunktionär in führender Position geworden.

Wie ein roter Faden ziehen sich Beckenbauers Qualitäten durch sein Leben. Ich möchte sie in einem einzigen Wort bündeln: *Souveränität*.

Der »Kaiser« zeigt uns, dass es möglich ist – und sogar nötig, wie wir gleich sehen werden –, unser Tun und Streben einem *höheren Ziel, ja einem höheren Sinn* unterzuordnen. Und dabei können wir dem Sinn sukzessive mehr Bedeutung zuschreiben: Franz Beckenbauer diente zuerst seiner Karriere, dann seinem Verein, dann der Nationalmannschaft, dann dem deutschen Fußball und schließlich dem ganzen Land.

Genau dieser Aspekt zeichnet das dritte Lebensmodell aus. Ich sage jetzt ganz bewusst *Modell* und nicht mehr *Plan*, da Franz Beckenbauer sein Leben sicher nicht von Anfang bis Ende so durchgeplant hat. Er würde vielleicht, wenn man ihn fragte, antworten: »Es hat sich alles so ergeben.« Ungeplant, aber folgerichtig.

Und genau das ist das Kennzeichen dieses dritten Lebensmodells, das ich das *integrale Lebensmodell* nenne. Es integriert alles, was wir im Laufe unseres Lebens beruflich und privat erreicht haben, in unser aktives Tun und folgt damit einem höheren Ziel – einer Vision, die größer ist als unsere persönlichen Ziele.

> **Das integrale Lebensmodell zielt auf einen höheren Sinn.**

Helmut Schmidt ist ein weiteres gutes Beispiel für das integrale Lebensmodell – ein echter Berufspolitiker mit einer großen Liebe zur Kunst und Musik (und zum Rauchen), der bereits vor seiner Zeit als Bundeskanzler jahrzehntelang politisch tätig war. Als er aus der Kriegsgefangenschaft zurückkehrte, trat er in die SPD ein und durchlief die verschiedensten Stationen, bis er 1969 Bundesminister und 1974 Bundeskanzler wurde. Helmut Schmidt diente zuerst seiner Partei, dann seiner Regierung, dann seinem Land. Heute ist er, angepasst an sein hohes Alter und seine damit verminderte Leistungsfähigkeit, Mitherausgeber der Wochenzeitung *Die Zeit*.

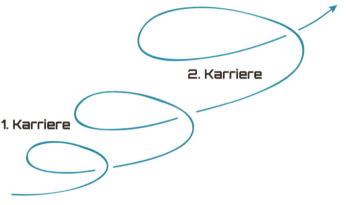

Auf die Frage, was ihn motiviert habe, sich politisch zu engagieren, antwortete er Ulrich Wickert 2008 in einem Interview für *Welt online*: »Wir kamen aus dem Kriege, wir haben viel Elend und Scheiße erlebt im Kriege, und wir waren alle entschlossen, einen Beitrag dazu zu leisten, dass all diese grauenhaften Dinge sich niemals wiederholen sollten in Deutschland. Das war die eigentliche Antriebskraft.« Das sagt ein Mann, der ein größeres Ziel hatte als seine persönliche Karriere. Aus diesem Eigentlichen heraus betrachtet ergibt alles, was Schmidt in seinem Leben gemacht hat, Sinn: Er war ein großer Diener seines Landes.

Schauen wir uns dagegen Politiker wie Gerhard Schröder, Joschka Fischer oder Roland Koch, den ehemaligen hessischen Ministerpräsidenten, an, erkennen wir dieses höhere Ziel nicht.

Gerhard Schröder scheint zurzeit nur die Vision des Geldverdienens zu haben. Er »gibt zwar Gas«, macht aber sein Wissen, das er im Laufe seines Lebens erworben hat, nicht mehr dem Gemeinwohl zugänglich. Sein Werdegang ähnelt eher einem zyklischen Lebensplan: Er hat eben noch mal etwas Neues angefangen. Bei Joschka Fischers neuer Karriere in seinem Beratungsunternehmen kann man Ähnliches vermuten. Auch das Tun von Roland Koch lässt derzeit nicht auf große Visionen und höhere Ziele schließen. Als Vorstandsvorsitzender des Baukonzerns Bilfinger geht es ihm vermutlich um ganz andere Ziele als zu seiner Zeit als hessischer Ministerpräsident. Mal sehen, wie es mit den dreien weitergeht, vielleicht erkennen wir ja nur noch nicht den roten Faden ...

Vorbilder für das *integrale Lebensmodell* gibt es viele. Naturgemäß eignen sich als Beispiele die bekannten und berühmten Persönlichkeiten. Da sehe ich Bill Clinton oder Nelson Mandela. Aber auch den nicht ganz so bekannten Wilfried »Willi« Lemke, der früher Manager des Fußballbundesligisten SV Werder Bremen, dann Senator für Bildung und Wissenschaft sowie Senator für Inneres und Sport der Stadt Bremen war. Seit 2008 ist er Sonderberater des UN-Generalsekretärs für Sport im Dienste von Frieden und Entwicklung. Gleichzeitig bekleidet er seit 2005 das Amt des Aufsichtsratsvorsitzenden bei SV Werder Bremen. Ein Leben für den Sport. Solche Lebensmodelle imponieren mir!

Im Bereich Kunst und Kultur fällt mir der inzwischen verstorbene Johannes »Jopi« Heesters ein. Ein Mann, der noch in ganz hohen Jahren weltweit als darstellender Künstler aktiv war. Man sagt, dass er 90 Jahre auf der Bühne stand und 87 Jahre vor der Kamera. Das muss ihm erst mal einer nachmachen, vor allem mit dieser Fröhlichkeit und und diesem Humor! Ein echtes Unikat, ein »Urgestein«, das darf man wohl respektvoll sagen angesichts des hohen Alters von 108 Jahren, das er erreichte.

> Jopi Heesters stand
> 90 Jahre auf der Bühne und
> 87 Jahre vor der Kamera.

Auch Udo Jürgens, der Mann, dessen Markenzeichen es ist, seine Zugaben immer im weißen Bademantel zu singen, hat als Künstler seine Visionen wahrgemacht: Den ersten Preis gewann er mit 16. Heute hat er mehr als 1.000 Lieder komponiert und über 100 Millionen Tonträger verkauft. Viele halten ihn immer noch für einen Schlagersänger, doch in seinen Texten greift er häufig gesellschaftliche Themen auf. Sein breit gefächertes Schaffen enthält ebenfalls sinfonische Kompositionen und Musicals. Möglicherweise wissen viele gar nicht, dass er auch für Stars wie Shirley Bassey und Frank Sinatra komponiert hat. Dieser Mann schrieb und sang Songs, die um die Welt gingen und Millionen Herzen berührten, Ehen kitteten, neue Lieben stifteten und Ohrwürmer schufen wie beispielsweise die Titelmelodie von *Tom und Jerry* ... Vielen Dank für die Blumen, lieber Udo Jürgens!

Desgleichen hat Peter Maffay, der als Schnulzensänger begann und sich zum Deutschrocker etablierte, mit seiner Musik mehr erreicht als ein gut gefülltes Bankkonto. Er unterstützt zum Beispiel Entwicklungshilfeprojekte für Kinder, ist in der Friedensbewegung aktiv und gab 2005 ein Konzert bei den deutschen ISAF-Truppen in Afghanistan. Er hat Stiftungen gegründet und engagiert sich für traumatisierte Kinder, lädt sie etwa auf seinen Bauernhof auf Mallorca ein, wo sie zwei Wochen lang kostenlos Ferien machen können. 1996 erhielt er das Bundesverdienstkreuz, 2006 den World Vision Charity Award. Man kann all sein Engagement hier gar nicht aufzählen. Tatsache ist, dass er sein Können in den Dienst der Menschen auf der ganzen Welt stellt. Dafür meinen Respekt.

Es gibt viele weitere Beispiele, doch diese sollen hier genügen. Sie zeigen, wie groß Visionen sein können und wie viel ein einzelner Mensch bewegen kann. Und sie beweisen, dass das Erreichen des gesetzlichen Renteneintrittsalters überhaupt keinen

Einfluss auf das Wirken eines Menschen haben muss. Für die beispielhaft Genannten jedenfalls war und ist eine 63er-, 65er- oder 67er-Schwelle völlig belanglos.

Ein einziger Mensch kann für andere Menschen die Welt bewegen.

»Das sind doch alles Prominente. Die können ja leicht die ganze Welt erreichen«, könnte jemand einwenden. Stimmt aber nicht. Hinter all diesen Beispielen stehen in erster Linie Menschen, Individuen, die eine Idee hatten, einen Traum. Vielleicht haben sie sogar so etwas wie eine Pflicht oder einen Auftrag gespürt, der sich zu einer Vision entwickelte, die jeden Tag, peu à peu und Schritt für Schritt, zur Realität wurde. Diese Menschen haben andere Menschen getroffen, Gespräche und Telefonate geführt, Konzerte und Vorstellungen gegeben, Bücher geschrieben ... Sie waren einfach da und zeigten Präsenz. Und mit der Zeit wurde ihre Vision immer größer. Eins entwickelte sich aus dem anderen.

Um so zu leben, müssen Sie weder Klavier noch Fußball spielen können. Es geht nicht darum, bekannt, berühmt oder gar ein Star zu werden. Entscheidend ist, wie wir alt werden! *Jeder von uns kann – ohne jeglichen Bekanntheitsgrad – sein Leben und seine Leistungen in den Dienst von etwas Größerem stellen.* Ob wir damit dann einen *einzigen* Menschen erreichen oder Millionen, spielt keine Rolle. Etwas zu tun ist besser, als Fernsehen zu gucken, »Edle Tropfen« zu knabbern oder Kreuzworträtsel zu lösen! Es geht darum, unsere Erfahrungen und unser Wissen – ja, nennen wir es doch ruhig mal Weisheit nicht in unseren Hirnzellen vermodern zu lassen und eines Tages mit ins Grab zu nehmen, sondern es lebendig zu halten und für etwas Lohnendes einzusetzen.

Dann haben Phänomene wie der Pensionierungsschock keine Chance mehr, denn wir geben »unseren Senf« auf eine sinnvollere Weise dazu – gerne palettenweise!

Die eigene Weisheit nicht mit ins Grab nehmen, sondern lebendig halten.

Mit 66 Jahren, da fängt das Leben an

Die Frage ist nur, was das für Gaben und Fähigkeiten sind, die das Alter mit sich bringt und die wir in den Dienst einer höheren Sache stellen können. Ich meine damit nicht die individuellen Talente, die naturgemäß bei jedem anders sind. Worauf können wir Älteren eigentlich so richtig stolz sein? Was haben wir, das sonst keiner hat, außer Tränensäcken, verkalkten Arterien und dem Recht auf einen Sitzplatz in der Straßenbahn? Um das herauszufinden, können Sie - ganz egal wie alt Sie sind – mit den folgenden Fragen tiefer ins eigene Leben abtauchen:

- Was habe ich alles schon erreicht in meinem Berufs- und Privatleben?
- Womit sind mein Gehirn, mein Geist, mein Herz reichlich gefüllt?
- Wen habe ich in die Welt gesetzt und großgezogen?
- Welche Werte habe ich im Laufe meines Lebens verkörpert?
- Was war mir wichtig? Wofür bin ich eingestanden?
- Welche Entscheidungen habe ich getroffen? Was waren die Konsequenzen?
- Wie bin ich mit diesen Konsequenzen umgegangen?
- Was habe ich unterm Strich aus den Talenten und Anlagen gemacht?

Wer sich ehrlich mit diesen Fragen auseinandersetzt, wird in der Regel belohnt: mit einem Gefühl tiefer Freude, Zufriedenheit, innerer Ruhe, Zuversicht.

Dieser liebevolle Blick und die Wertschätzung all dessen, was uns ausmacht und was wir erreicht haben, sind die Schlüssel zu einem neuen Verständnis des Älterwerdens. Das sind die Chancen, die nur die ältere Generation bekommt, wenn sie sich eben *aufgrund* ihres Alters bewusst macht: *Das bin ich. Das habe ich geschafft und geschaffen. Vielleicht nicht alles in dem Tempo und mit genau den Resultaten, die ich mir gewünscht habe. Doch ich habe mein Bestes gegeben. Und jetzt folgt das Allerbeste: Jetzt greife ich auf all das zurück!*

Es kommt nicht auf äußere Werte an, auf das Vermögen und die Besitztümer, die wir angesammelt haben. Ich spreche von der *Lebenserfahrung* – sie ist ein hohes Gut, das wir nicht unterschätzen dürfen. Wer auf ein paar Jahrzehnte gelebtes Leben zurückschaut, der hat Dinge erlebt und durchgestanden, die die meisten 20-Jährigen noch nicht kennen. *Lebenserfahrung ist ein hohes Gut.*

Je älter Sie werden, desto dringlicher wird es für Sie, endlich das zu tun, was von Herzen kommt. Die Zeit wird immer reifer: Das Beste kommt zum Schluss: DAS ist die richtige Einstellung zum Alter.

Ein 60-Jähriger hat durch seine Erfahrungen einen umfangreichen Schatz an »Referenzen« für menschliches Fühlen, Denken und Verhalten gesammelt. Er hat mitbekommen und selbst erlebt, wie sich Konflikte, Herausforderungen, Entscheidungen, Verluste oder Zwickmühlen anfühlen. Er kennt Verrat ebenso wie Krankheit und Tod. Wer die 60 erreicht hat, dem ist nichts Menschliches mehr fremd.

Und genau aus diesem Grund sind bestimmte Beraterposten und Ämter den Älteren vorbehalten. Ein 19-Jähriger, der für den Bundestag kandidiert, wird zunächst einmal abgelehnt. Für eine solche Position wünscht man sich einfach »mehr gelebtes Leben«.

Damit will ich nicht sagen, dass alle Menschen über 60 grandiose Berater und Präsidenten wären. Das Alter bringt nicht selbstverständlich die entsprechende Weisheit mit sich. Ich will auch nicht sagen, dass alle »U-60«, die Unter-60-Jährigen, völlig naiv und unerfahren sind. Das stimmt genauso wenig.

Gerade in der jungen Generation gibt es sehr viele kluge Köpfe, von denen wir Großes erwarten dürfen und die schon jetzt Hervorragendes und Ehrenwertes vollbringen. Ich denke da zum Beispiel an den Schüler Felix Finkbeiner, der »Plant for the

Planet« ins Leben gerufen hat, eine Stiftung, die inzwischen weltweit agiert und ein Mandat vom Umweltprogramm der Vereinten Nationen erhalten hat. In einem Alter, in dem andere Kinder stundenlang auf dem Nintendo rumdaddeln, hält Felix auf der ganzen Welt Vorträge.

Und doch hat die Mehrzahl der Älteren den Jüngeren viel voraus. Dafür gebührt ihnen Respekt – und zwar zuerst einmal sich selbst gegenüber. Dann tut das zwangsläufig die gesamte Gesellschaft.

Agil statt senil

»Wir verfahren das Erbe unserer Kinder«, stand auf dem Heck eines großen Wohnmobils, das ich neulich auf der Autobahn gesehen habe. Dazu aufgemalt waren eine weite, grüne Landschaft und ein Elch. So ist das heute. Früher sparten sich die Leute für ihre Kinder und Enkel alles vom Mund ab. Sie sollten studieren können, um es einmal besser zu haben.

So wie die Kinder meiner früheren Vermieter in Stuttgart. Ich erinnere mich noch gut an dieses nette schwäbische Ehepaar, das ich kennenlernte, als ich den Mietvertrag für eine Dreieinhalbzimmerwohnung unterschrieb. Der Mann war bei der Müllabfuhr, seine Frau ging putzen. Sie hatten die schöne Eigentumswohnung gekauft – zu 100 Prozent fremdfinanziert. Er fuhr die Wochenendschichten und im Winter die Nachtschichten mit dem Streuwagen, um die Zuschläge zu kassieren und damit die Zinsraten aufzubringen. Sie selbst wohnten ganz woanders in einer Sozialwohnung in einem Problemviertel. Weshalb das alles? Warum haben sie das auf sich genommen? Für die Kinder. Die Kinder waren ihnen das Wichtigste und sollten es einmal besser haben. Nicht zu vergessen die Kehrwoche. Die war ihnen fast noch wichtiger als die Miete. Im Treppenhaus konnte man vom Boden essen, so sauber war es. Dabei wohnten sie selbst gar nicht da! Ich bin mir sicher, die Kinder wussten gar nicht zu schätzen, was ihre Eltern alles für sie investierten.

Solche Modelle passen nicht mehr in die Zeit. Unsere Lebensbedingungen sind nicht mehr von Mangel geprägt, sondern von

Fülle – und manchmal auch von Überfluss. Heute sagen viele Jüngere: »Liebe Eltern, genießt euer Leben! Ihr habt nur eines! Macht 'ne Kreuzfahrt!

Man kann das natürlich auch von einer anderen Warte aus sehen: Die Älteren sind dann nicht mehr in dem Maße für die Jüngeren verfügbar. Die Oma ist nicht mehr nur Oma und Babysitter – sie geht jetzt gelegentlich am Wochenende zum Tanzen oder ins Pilates! Und der Opa verschenkt seinen Porsche nicht mehr – er fährt ihn selbst!

> **Heute verschenkt Opa seinen Porsche nicht. Er fährt ihn selbst.**

Es gibt immer zwei Seiten der Medaille. Wichtig ist deshalb, worauf wir den Fokus lenken. Wo wollen wir hin? Was wollen wir erreichen? Wenn es den Älteren in unserer Gesellschaft gut gehen soll – und damit auch den Jüngeren –, dann können (und müssen!) wir das eine oder andere Auge zudrücken und uns für jeden älteren Menschen freuen, der sein Leben noch in vollen Zügen genießt.

Wie wir schon gesehen haben, machen es die Fortschritte in Medizin und Wissenschaft möglich, dass wir alle immer älter werden und dabei leistungsfähig bleiben. Manche werden keine 70 oder 80 mehr, sie werden 100! Es entlastet eine Familie doch enorm, wenn die ältere Generation nicht gepflegt oder untergebracht werden muss!

Drei Jahrzehnte Siechtum: Wer will das in seiner Familie schon erleben? Darum freuen wir uns, wenn wir fitte Alte sehen. Wir bewundern sie. Sie sind unsere Vorbilder.

Viele von ihnen sind heute topfit: Sie reisen um die ganze Welt, sind supersportlich und probieren öfter mal was Neues aus. Bei *Wetten, dass* … war mal ein Mann, ein Alt-68er, der wettete, dass er einen Kart drei Mal etwa 10 bis 15 Sekunden lang hochheben könne. Inklusive Fahrer, der 170 Kilo wog! Der »Wetter« war Jahre zuvor an Krebs erkrankt und nach einem langen Kampf wieder genesen.

Sein Körper war also schon mal ganz am Boden - und jetzt stemmte er Autos. Das können 90 Prozent der 30-Jährigen nicht!

Das ist natürlich ein Extrembeispiel. Aber es gibt auch die ganz »normalen«, die vielen älteren Menschen, die sich jeden Tag darum bemühen, trotz fortschreitender Jahre etwas für ihre Gesundheit sowie für ihre geistige und körperliche Beweglichkeit zu tun. An denen müssen wir uns orientieren, nicht an jenen, die sich selbst vernachlässigen und mehr und mehr verfallen!

Dr. Jeffry Life aus den USA ist ein gutes Beispiel dafür, wie man auch als Mittsechziger noch topfit sein kann. Sein Motto lautet: »Make the second half of your life the best half.« *Mach die zweite Hälfte deines Lebens zur besten.* Womit er mir natürlich aus der Seele spricht.

> Wir müssen uns an denen orientieren, die etwas für ihre Gesundheit und ihre Beweglichkeit tun.

Dr. Life berät viele Gutsituierte in Hollywood. Manche kritisieren ihn und seine »hormonellen Optimierungen«. Dabei muss doch jeder für sich selbst herausfinden, welchen Grad von Fitness und Muskeltonus er im Alter erhalten möchte und wie er das erreicht. Solange der Mensch in Balance bleibt und glücklich und gesund ist, finde ich das alles in Ordnung.

Die *innere Einstellung* ist der Knackpunkt. Unsere Gedanken erschaffen unsere Realität. Wenn ich mich für schwach und bewegungsunfähig *halte, bin* ich schwach und bewegungsunfähig. Bin ich davon überzeugt: »Da geht noch was!«, dann mache ich jeden Tag einen kleinen Schritt in eine positive Richtung und laufe vielleicht in ein paar Wochen locker um den Block. Oder ich unternehme leichten Fußes einen Spaziergang im Park, den ich früher nach wenigen Metern atemlos abgebrochen hätte.

Es geht nicht um den neuen Olympiasieger oder den neuen Iron Man, sondern um die kleinen Schritte im Alltag, die wir alle tun können, damit Körper und Gehirn in Bewegung bleiben. Das funktioniert im Stehen, im Gehen, im Sitzen, ja sogar im Liegen!

Du bist, was du denkst: fit oder fertig. Diese innere Einstellung eröffnet uns ganz neue Chancen. Und zwar nicht nur auf der Berufsebene, sondern auch in Partnerschaft und Familie.

Von Helmut Kohl und Helmut Schmidt wissen wir, dass sie im Alter neue Partnerschaften eingingen. Das ist etwas ganz Normales und passiert jeden Tag da draußen in der Welt. Und wie schön ist es, wenn wir im Alter noch einmal die große Liebe erleben dürfen!

Klar, für den Nachwuchs ist das unter Umständen eine Herausforderung: Was macht der Vater da mit der 20 Jahre Jüngeren? Muss die Mutter mit 84 wirklich noch wie ein Teenager rumturteln und mit dem neuen Mann händchenhaltend ums Karree laufen? Ja, muss sie und darf sie! Da haben die Jungen nichts zu vermelden! Denn hier geht es nicht darum, »was die anderen sagen oder denken«, oder um dein Erbe, das möglicherweise auf dem Spiel steht (es sei denn, es sind professionelle Hochstapler am Werk). Das ist purer Egoismus, so zu denken! Wichtig ist nur dieses Paar, diese beiden Menschen, die glücklich sind und sich wohlfühlen – ganz egal, wie alt sie sind oder wie groß der Altersunterschied zwischen ihnen ist. Das geht bloß diese beiden etwas an.

Wo mehrere Menschen aufeinandertreffen oder zusammenleben, entstehen Reibungsflächen. Das war schon immer so, und das wird auch so bleiben, weil es einfach zum Menschsein dazugehört. Entscheidend ist nur, dass wir bei allem, was wir denken oder tun, das Wohl ALLER Beteiligten im Blick haben. Als Familie – wie auch als Gesellschaft.

Der neue Un-Ruhestand

Egal wie ruhig oder unruhig wir die goldenen Jahre gestalten: Es ist noch jede Menge für jeden von uns drin. Und so langsam beginnen wir das zu realisieren. Das Konzept des Ruhestands, wie es über Jahrzehnte existierte, hat ausgedient. Wir können es uns, wie wir gesehen haben, nicht mehr leisten, weder finanziell noch in Bezug auf die Psyche und die Gesundheit. Einfach nur so rumzuhängen und zu chillen ist out, ist verschwendete Zeit, verschwendetes Leben – und totes Kapital, das sich in Form von Lebenserfahrung, Reife und Besonnenheit einsetzen ließe.

Chillen ist Kapitalverschwendung.

Halten wir unsere Ressourcen lebendig, solange es geht. Die neuen Ü-60er sind kein lästiger Wurmfortsatz, sondern Teil einer Gesellschaftsgruppe, auf den wir alle stolz sein können. Sie sind gesund und produktiv, weil sie aktiv sind. Sie leisten für die Gesellschaft mehr, als sie verbrauchen.

Zu allen Zeiten und Urzeiten gab es Herausforderungen: Eiszeiten und Hungersnöte, Kriege und Wirtschaftskrisen ..., und immer haben die Menschen Auswege und Lösungen gefunden. Und das aus sich heraus, kraft ihrer Flexibilität im Denken und kraft ihres Willens, etwas zu verändern und die nötigen Maßnahmen dafür einzuleiten. Wer stehen blieb, stagnierte. Wer sich bewegte, überlebte.

Wenn wir diese Tatsache ebenso wie uns selbst in neuer Weise liebevoll annehmen, auch wenn unser Körper vielleicht nicht ganz so knackig ist wie der von Dr. Life, dann wird das Älterwerden zu einer spannenden Reise, auf der sich nicht mehr alles um das »Höher! Schneller! Weiter!« im Außen dreht, das die jungen Jahren kennzeichnet, sondern um eine *Reise nach innen.*

Wir haben unser Auto. Wir haben unser Haus. Wir haben vielleicht auch unser Boot. Jetzt geht es in die Tiefe. Wir schauen nach innen, auf alles, was wir erlebt und geschafft haben – was wir jetzt nutzen und weitergeben können, um damit nicht nur uns selbst zu dienen, sondern dem ganzen System, der gesamten Gesellschaft. Und um die geht es im nächsten Kapitel.

Kompakt:

Das integrale Lebensmodell löst den linearen und zyklischen Lebensplan ab: Unser Tun dient jetzt einem höheren Ziel, einer Vision

Echte Lösungen kommen von innen: Indem wir unsere Einstellung zum Alter verändern, können wir unsere Chancen nutzen – und das gesamte System verändern.

Lebenserfahrung ist das Kapital der Älteren. Sie ist der Türöffner zu bestimmten Positionen und Ämtern.

Vom Ruhestand in den Un-Ruhestand: Jeder darf sich bis an sein Lebensende weiterentwickeln und seiner Vision folgen – in Beruf, Familie und Partnerschaft.

Unsere Bereitschaft zur Veränderung schafft neue Lösungen für das demografische Dilemma.

Kapitel 5:
Eine reife Wirtschaft

Stellen Sie sich vor, Sie wären ein Mann, der seinen gepflegten Garten mit dem wunderbar gemähten Rasen liebt. Zeit Ihres Lebens haben Sie keine Mühe gescheut, den Rasenmäher hervorzuholen, die Kanten sauber zu trimmen und die Halme auf eine einheitliche Länge zu bringen, sodass ein weicher, dichter Teppich entsteht. Was für eine Freude!

Selbst wenn der Rücken einmal gezwickt hat oder das Wetter schlecht war, Sie wenig Zeit hatten oder einfach mal müde waren – den Rasen haben Sie nie vernachlässigt. Das war für Sie irgendwie selbstverständlich. Ihr Fleiß und Ihre Zuverlässigkeit waren gar nicht der Rede wert, Sie fanden das völlig normal.

Schon als Kind haben Sie den Rasen gemäht. Damals gehörte das Grundstück Ihrem Großvater. Er war zu alt und schaffte es nicht mehr, seinen Garten in Ordnung zu halten. Darum hatte er Sie dafür auserkoren: »Junge, du mähst ab jetzt den Rasen!«

Einerseits war die Autorität des Großvaters viel zu groß, als dass es möglich gewesen wäre, seinem Verdikt zu widersprechen. Andererseits war es auch Ihr stiller Wunsch, den Rasen mähen zu dürfen. Immerhin eine ehrenvolle Aufgabe. Schließlich liebten Sie den Garten genauso wie Ihr Großvater. Unausgesprochen, aber doch greifbar gab es einen Vertrag zwischen Ihnen beiden: Wenn Sie sich als zuverlässiger Pfleger des Gartens erwiesen, würde Ihr Großvater Ihnen eines Tages das Grundstück vererben. Und diese Aussicht war einfach zu großartig, als dass Fußballspielen mit Freunden oder das Herumtändeln mit Mädchen Sie davon hätte ablenken können, was Sie freiwillig als Ihre Pflicht anerkannt hatten: Der Rasen musste jederzeit tipptopp sein!

Junge, du mähst ab jetzt den Rasen!

Nun sind Sie selbst ein alter Mann geworden. Sie spüren Ihre nachlassende Leistungsfähigkeit. Immer öfter wird die körperliche Anstrengung unangenehm ... Aber Sie haben ja einen Enkel! Deshalb sagen Sie eines Tages zu ihm: Junge, du mähst ab jetzt den Rasen! Das Problem: Ihr Enkel lacht Ihnen fröhlich ins Gesicht, dreht sich um und wischt einfach weiter auf seinem iPad herum.

Niemand hat die Jungen gefragt, ob sie einverstanden sind, auf eigenen Wohlstand zugunsten des Wohlstands älterer und reicherer Generationen zu verzichten. Es scheint ein völlig selbstverständlicher Konsens zu bestehen, dass es die Pflicht der Jungen sei, den Rasen zu mähen, weil die Alten das nicht mehr wollen.

Dabei kann unsere Wirtschaft heute wie morgen nur funktionieren, wenn sowohl die Jungen als auch die Alten *freiwillig* leistungsbereit sind. Freiwillig! Denn wie im ersten Teil des Buches beschrieben, wird unsere Gesellschaft selbst dann nicht mehr über die Runden kommen, wenn es uns gelingt, die 20- bis 50-Jährigen mit staatlichem und demokratisch legitimiertem Druck maximal auszuquetschen und sie zu Höchstleistungen zu

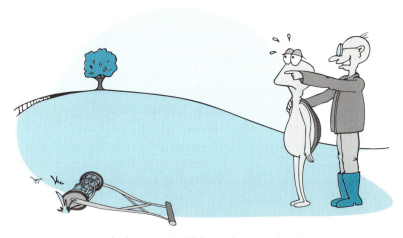

»... und oben an der Eiche solltest du für den Rest die Messer noch mal nachschärfen...«

zwingen. Der derzeitige Versuch, die jüngere Generation gegen ihren Willen zur Finanzierung eines hohen Lebensstandards der Alten zu verpflichten, kann nicht gelingen. Die Freiwilligkeit zur Einhaltung des Generationenvertrags wird zu Unrecht vorausgesetzt.

Niemand hat die Jungen gefragt, ob sie einverstanden sind.

Die Jungen von heute interessieren sich nicht für den Rasen der Alten. Die viel beschriebene *Generation Y* unterscheidet sich von uns leistungshungrigen Performern der Wirtschaftswunderzeiten, der materialistischen Aufstiegs-, Konsum- und Wall-Street-Generation der 60er, 70er und 80er. Und zwar vor allem in einem: Sie sind viel individualistischer als ihre Eltern und Großeltern und machen ernst mit der Selbstverwirklichung. Geld beziehungsweise materieller Erfolg spielt für sie eine deutlich untergeordnete Rolle. In vielen Fällen sind sie sogar bereit, ein geringeres Einkommen zu akzeptieren, wenn sie dafür mehr Zeit, mehr Sinn und mehr Lebensqualität im Alltag eintauschen können. Sie spielen lieber, als fleißig zu sein. »Karriere um jeden Preis« wird zunehmend von der »freizeitorientierten Schonhaltung« abgelöst.

Und auf einmal kommen die Älteren mit ihrem Arbeits- und Leistungsethos und halten es für selbstverständlich, dass die Jungen ihnen das Ruder aus der Hand nehmen und alles weiter vorantreiben. So, wie sie das damals auch gemacht haben. Mit dem wunderbaren Nebeneffekt, dass die Älteren sich gepflegt zur Ruhe setzen und ihr letztes Lebensdrittel in Wohlstand und Muße genießen können. Was für eine Illusion! Was für eine Lebenslüge!

Schaut, wie ihr ohne uns klarkommt!

Was machen wir, wenn die Jungen sich gar nicht für den Lebensunterhalt der Alten anstrengen wollen? Und was, wenn die Alten es gar nicht einsehen, sich über das Rentenalter hinaus zu engagieren und zu arbeiten? Irgendwann wird die Wirtschaft sagen: Bitte, ihr Alten, ihr MÜSST wiederkommen, weil uns die Arbeitskräfte ausgehen und wir auf euer Know-how nicht verzichten können! Was machen die Unternehmen, wenn die Alten keine Lust mehr haben zu arbeiten?

Was, wenn sowohl die Jungen als auch die Alten der Wirtschaft eine lange Nase drehen und kundtun: Wir kümmern uns erst mal um uns. Schaut, wie ihr ohne uns klarkommt!

Im Moment geht es uns allen tatsächlich noch so gut, dass sich die Generation Y den Luxus der Selbstverwirklichung leisten kann. Auch die reichen Alten von heute können es sich leisten, mit gut 60 auf die Parkbank abzubiegen und das Leben zu genießen. Viele von ihnen würden es aus heutiger Sicht in Kauf nehmen, mit einem niedrigeren Lebensstandard auszukommen, wenn sie damit nur den Stress von sich fernhalten könnten. Aber das ist eine Momentaufnahme. Ein Luxusphänomen.

Doch das wird sich ändern. Dafür sorgen die Unternehmen, weil es für sie schon viel früher ums Überleben geht! Noch bevor existenzielle Not junge und alte Menschen wieder zu Fleiß und Leistungsbereitschaft zwingt, drückt es den Unternehmen im Spannungsfeld globalisierter Märkte sofort die Luft ab, wenn sich keine produktiven Arbeitskräfte mehr finden. Wollen Unternehmen auch in den nächsten Jahrzehnten überleben, müssen sie bereits heute Gegenmaßnahmen ergreifen, um nicht auszubluten. Und zwar in zwei Hauptstoßrichtungen:

1. Sie müssen sich hochattraktiv machen, damit die Generation Y ihren Selbstverwirklichungs- und Spieltrieb innerhalb eines Unternehmens ausleben kann, und zwar auf produktive Weise. Dazu gehört vor allem eines: *Flexibilität. Flexibilität. Flexibilität.* Die Unternehmen müssen für Freiheit sorgen, damit die jungen Arbeitskräfte ihre privaten Interessen optimal mit den beruflichen verbinden können. Starre Arbeitszeiten, gängelnde Vorschriften und übermäßige Regeln sind da Gift. Außerdem müssen Unternehmen ihren Mitarbeitern eine Umgebung anbieten, die Kreativität, Austausch und Lernen ermöglicht. Und: Sie müssen ein Sinnangebot bereitstellen.

Denn die seltenen jungen, extrem gut ausgebildeten, aber auch extrem anspruchsvollen Mitarbeiter wollen nicht nur wissen, was sie tun sollen, wie sie es tun sollen, sondern ebenfalls wozu sie es tun sollen!

2. Die Unternehmen müssen sich hochattraktiv machen, damit Menschen über 60 und über 70 freiwillig und gerne weiter bei ihnen arbeiten und etwas zur Wertschöpfung beitragen. Auch dazu gehört vor allem: *Flexibilität. Flexibilität. Flexibilität*. Und: Abbau von starren Arbeitszeiten, gängelnden Vorschriften und übermäßigen Regeln. Und: eine Umgebung, die Kreativität, Austausch und Lernen ermöglicht. Und: ein Sinnangebot.

Flexibilität.
Flexibilität.
Flexibilität.

Die Art und Weise, wie unsere Unternehmen die Arbeit verwandeln, wird Junge wie Alte gleichermaßen dazu motivieren, ihr Bestes zu geben. Die neuen Stoßrichtungen werden bei den

Mitarbeitern aus allen Generationen vor allem eines erzeugen: intrinsische Motivation, also einen von innen kommenden, freiwilligen Antrieb, einen Beitrag zu leisten.

Dieser buchstäbliche *Sinneswandel in den Unternehmen* passiert bereits, er ist in vollem Gange und wird dafür sorgen, dass unsere Gesellschaft funktionsfähig bleibt. Nicht die Politik!

Gemischtes Doppel

Was genau heißt das nun für eine »altersgerechte« Arbeitsumgebung? Ich habe mich bei einem sehr großen Industrieunternehmen umgeschaut, das die Zeichen der Zeit erkannt hat. Unternehmensinterne Zahlen zeigen, wie dramatisch der Schwund an Köpfen und Kompetenz in den nächsten beiden Jahrzehnten ausfallen wird. Insbesondere der Verlust an Knowhow durch die Verrentung der Babyboomer ist dort gravierend. Eines der bekanntesten deutschen Großunternehmen würde unweigerlich in ernste Schwierigkeiten geraten, wenn es keine geeigneten Gegenmaßnahmen ergriffen hätte! Und genauso sehen natürlich auch die Zahlen bei den meisten der anderen deutschen Industrieunternehmen aus.

Zum anderen erklärte man mir aber auch die vielen, vielen Maßnahmen, die das Gesicht des Unternehmens schon jetzt verändern, um es attraktiv für vier überlebenswichtige Gruppen von Arbeitskräften zu machen: für junge Hochqualifizierte, für Frauen, für hoch qualifizierte Ausländer und – für alte Menschen.

Das Unternehmen hat verstanden und gelernt, was Menschen im Alter benötigen, um gute Leistungen erbringen zu können und zu wollen. Darum laufen dort bereits heute eine Vielzahl von Programmen unter anderem in den Bereichen Gesundheitsförderung, Personalentwicklung, Qualifizierung, Arbeitsgestaltung, Arbeitszeitmodelle, Rekrutierung und Ausbildung.

Das beginnt bei der *Arbeitszeit:* Was Arbeitsbeginn, -ende und -dauer angeht, denken wir schon immer zu eng – und das nicht erst seit gestern. Ich beschäftige mich mit dem Thema inzwischen seit 30 Jahren.

> **Weil es viel mehr Arbeitskräfte gab als offene Stellen, mussten sich Unternehmen nicht krummlegen, um den Bedürfnissen Einzelner zu entsprechen.**

Unsere Vorstellung, dass morgens alle ungefähr zur gleichen Zeit zur Arbeit kommen, nämlich etwa bei Sonnenaufgang, und abends alle ungefähr zur gleichen Zeit nach Hause gehen, nämlich etwa bei Sonnenuntergang, stammt noch aus den Zeiten der Industrialisierung im späten 19. Jahrhundert. Damals brauchte man Tageslicht in der Produktionshalle, weil sonst nicht vernünftig gearbeitet werden konnte. Darüber hinaus mussten alle Arbeiter gleichzeitig verfügbar sein, damit alle Maschinen liefen und die Vorarbeiter einen vernünftigen Materialdurchfluss gewährleisten konnten.

Weil es viel mehr Arbeitskräfte gab als offene Stellen, mussten sich Unternehmen nicht krummlegen, um den Bedürfnissen Einzelner zu entsprechen. Die einseitige Ausrichtung auf körperliche Tätigkeiten machte ältere Arbeiter mit nachlassender Kraft automatisch zu weniger wertvollem »Humankapital«. Die Einführung der Rente ab 70 im Jahr 1891 erleichterte es den Unternehmen, die unproduktiven Alten loszuwerden und Platz für produktive Junge zu schaffen.

Aber die Zeiten haben sich geändert:

- Die Arbeit ist kaum mehr physischer Natur.
- Alte sind nicht automatisch unproduktiver als Junge.
- Außer in manchen Teilen der Produktion ist es heute nicht mehr nötig, dass alle Mitarbeiter zur gleichen Zeit in der Firma sind.
- Und die Machtverhältnisse haben sich gedreht: Die Unternehmen müssen sich heute sehr wohl krummlegen, um den Bedürfnissen Einzelner zu entsprechen!

Menschen sind in ihren Veranlagungen und Gewohnheiten sehr verschieden: Jeder hat einen anderen Biorhythmus, andere Interessen und andere Lebensprioritäten. Der eine möchte gerne am Vormittag Sport machen und erst mittags in die Firma kommen. Eine junge Mutter würde vielleicht schon um sechs statt um acht anfangen, damit sie mittags um zwölf, wenn die Krippe oder der Kindergarten schließt, wieder zu Hause ist. Oder sie möchte lieber am Abend arbeiten, wenn der Mann die Kinder versorgen kann. Vielleicht wollen beide auch die Abende im Wechsel arbeiten. Andere Menschen sind überhaupt erst zwischen 16 und 24 Uhr so richtig produktiv und zu Höchstleistungen fähig, wie sie es tagsüber nicht sind. Manche brauchen das Wochenende und die Feiertage für die Familienaktivitäten, andere nehmen lieber unter der Woche frei und nutzen dafür das Wochenende zum Arbeiten.

> Nichts muss so bleiben, nur weil wir es schon immer so gemacht haben.

Dazu kommt: Nicht jeder will Vollzeit arbeiten. Alle diese individuellen Wünsche und Bedürfnisse können heute so befriedigt werden, dass trotzdem produktive Zusammenarbeit im Unternehmen möglich ist. Nichts muss so bleiben, weil wir es schon immer so gemacht haben. Wenn wir uns von unseren eingefahrenen Denk- und Arbeitsmustern befreien, entzerrt sich nicht nur der Berufsverkehr, sondern unser gesamtes Leben – und zwar für alle Generationen.

Jobsharing ist da eine vielversprechende Lösung: Zwei »Halbe« schaffen mehr als ein Ganzer, weil zwei Mitarbeiter viel motivierter und produktiver sind als einer, der den ganzen Tag im Büro verbringt.

Teilen sich dabei noch ein Älterer und ein Jüngerer eine Stelle, schlägt das Unternehmen gleich zwei Fliegen mit einer Klappe: Dem Wunsch nach flexiblen Arbeitszeiten und Teilzeit zu entsprechen ist die eine Fliege, die Weitergabe von Erfahrung und Know-how über Generationen hinweg zu ermöglichen die andere. Diese Wissensvermittlung »on the job« anstatt in Seminaren oder Onlinekursen ist dabei bekanntermaßen besonders effektiv.

Wer von beiden wie lange und wie viel arbeitet, könnte ganz flexibel geregelt werden. Nicht alle Älteren wollen oder können ja noch Vollzeit arbeiten. Aber stundenweise oder tageweise – und das in einer mentorenartigen Position: Das ist verlockend!

Tatsächlich kann sich ein Unternehmen so einen erweiterten »Spielerkader« von Älteren zulegen und nach Bedarf einbinden. Sozusagen eine Ersatzbank mit alten Hasen, die je nach Lust, Bereitschaft und Belastbarkeit eingewechselt werden. In Konjunkturspitzen, bei personellen Engpässen (Krankheit, Urlaub und so weiter) oder wenn es darum geht, die Ergebnisqualität zu verbessern, ließe sich aus diesem wertvollen »Arbeitskräftereservoir« schöpfen – und allen wäre gedient.

Im Optimalfall entsteht eine Wechselwirkung: Die Alten bleiben aktiv. Und die Jungen lernen direkt von den Besten, so wie ich es einmal in einem japanischen Dojo erleben durfte.

Franz Beckenbauer in der F-Jugend

Als unser Buch *Simplify your Life* in Japan große Erfolge feierte, wurden mein Co-Autor Werner Tiki Küstenmacher und ich vom dortigen Verlag eine Woche lang nach Tokio eingeladen. Wir bekamen nur das Feinste vom Feinsten. Während der Interviewzeiten saßen wir in einer Suite und standen den Journalisten, die sich die Klinke in die Hand gaben, Rede und Antwort. Man muss sich das so vorstellen, wie wenn bei uns *Der Spiegel*, der *Stern*, *Die Zeit*, *Die Welt* und der *Fokus* Schlange stehen. Ein tolles Gefühl!

Im Vorfeld wurden wir gefragt, ob wir besondere Wünsche hätten. Ich fragte nach, ob diese Frage wirklich ernst gemeint oder nur eine Höflichkeit sei. Nein, nein, wurde uns versichert, wir mögen doch bitte unsere Wünsche äußern.

Als alter Karateka wollte ich schon immer mal ein echtes japanisches Dojo, eine Karatetrainingshalle, von innen sehen, so wie ein Fußballfan in seinem Leben unbedingt mal das Maracanã-Stadion in Rio oder das Santiago Bernabéu in Madrid sehen will. Und so wurden wir dorthin kutschiert – auf abenteuerlichste Weise.

Taxifahren ist in Tokio ganz anders als in Deutschland, denn der Fahrer kennt weder die ganze Stadt noch die gängigen Adressen, sondern nur seinen Bezirk. Unserer fuhr uns bis in den Teil der Stadt, in dem das Dojo lag, und fragte sich dann gestenreich und wortreich bei den Ortskundigen durch. Es gibt in dieser Stadt nämlich keine Straßennamen. Sinngemäß lauten Beschreibungen etwa so: »An dem großen Baum, der gen Norden steht, auf den die Sonne scheint, die Straße runter und dann links.«

> »Wenn das euer Bester ist,
> warum trainiert er dann
> eine blutige Anfängerin?«

Irgendwann waren wir da, und ich freute mich sehr, das Dojo von innen besichtigen zu dürfen. Da waren sie also, die Japaner, mit ihren weißen Kampfanzügen und den schwarzen Gürteln.

Ihnen zuzuschauen inspirierte mich sehr. Ganz am Rand stand der Älteste von allen. Er sah unscheinbar aus und übte mit einer Frau, die keinen Kampfanzug, sondern einen Jogginganzug trug und ganz offensichtlich eine Anfängerin war.

Ich staunte über die Techniken des Alten und fragte irgendwann einen der Trainer: »Der Mann dort mit der Frau, der ist ja richtig gut. Richtig tolle Techniken hat der drauf! Wer ist das?«

Ich bekam zur Antwort, dass dies der Altmeister sei. Er hatte den höchsten Dau, den höchsten Meistergrad. Was man rein äußerlich nicht erkennen konnte, da *alle* Karatekämpfer schwarze Gürtel tragen.

»Wenn das euer Bester ist«, fragte ich, »warum trainiert er dann eine blutige Anfängerin, noch dazu in einer Einzelstunde?«

»Damit sie es gleich richtig lernt«, bekam ich zur Antwort, »vom Besten, den wir haben.«

Wie genial! Ich kannte das ganz anders: Als Student habe ich in der Landesliga gekämpft. Bei uns trainierte der Beste nur die Besten. Unter den Relativbesten war ich der Schlechteste. Also habe ich die Anfänger trainiert. Das japanische Modell gefällt mir viel besser. Das wäre in etwa so, als würde beim FC Bayern ein Mädchen, das gerade in der F-Jugend anfängt, von Franz Beckenbauer höchstpersönlich unterrichtet.

Es ist also keine Frage, ob wir Älteren der Gesellschaft noch was zu bieten haben, sondern nur noch in welcher Form. Flexibilität und Kreativität sind die Schlüssel.

Alte Werte

Die Frage, die an dieser Stelle gerne gestellt wird, heißt: Können denn auch ältere Mitarbeiter noch etwas lernen – und wollen sie es?

Die Demografie-Spezialistin im erwähnten Großkonzern hat dazu eine dezidierte und fundierte Meinung: Lernen sei überhaupt keine Frage des Alters, sondern der Lern- und Erwerbsbiografie!

Mit anderen Worten: Wenn Menschen es gewöhnt sind zu lernen, dann lernen sie selbst im hohen Alter gern – und sind dazu auch in der Lage. Wenn sie aber niemals richtig gelernt haben zu lernen, dann tun sie sich bereits relativ früh im Leben extrem schwer damit, sich neues Wissen und neue Denk- oder Handlungsmuster anzueignen.

> Lernen ist überhaupt
> keine Frage des Alters!

Der Spruch »Was Hänschen nicht lernt, lernt Hans nimmermehr« müsste also eigentlich präziserweise lauten: *Wenn Hänschen nicht lernt zu lernen, lernt Hans nimmermehr.* Deshalb setzt der genannte Konzern konsequent auf lebenslanges Lernen: Angebote für alle und jederzeit. Interessanterweise wünschen sich die älteren Kollegen zum Beispiel, die EDV-Seminare unter »Gleichgesinnten«, sprich: unter Gleichaltrigen, zu besuchen, da die Lerngeschwindigkeit der jüngeren Mitarbeiter erfahrungsgemäß nun mal höher ist. Wenn das ein erklärter Wunsch ist, kann das Unternehmen darauf flexibel eingehen: Die Kurse werden auf das Alter, die Lernhistorie und auf die verschiedenen Lernprofile abgestimmt, etwa für »lernentwöhnte« oder »passive« Mitarbeiter.

Auf diese Anforderungen müssen auch die Führungskräfte vorbereitet werden. Für sie gibt es in unserem Beispielunternehmen eine spezielle Seminarreihe, um sie fit zu machen für den Umgang mit älteren Mitarbeitern: Welche Werte, Bedürfnisse, Themen und Potenziale bringen die verschiedenen Altersgruppen mit? Wie wirken sich die einzelnen Lebensphasen auf die Motivation und die Arbeitszufriedenheit älterer Beschäftigter aus? Wo liegen die Risiken und wo die Chancen altersmäßig gemischter Teams?

Ein Kernthema dabei ist: Wie kann das Unternehmen Mitarbeiter auf Dauer »beschäftigungsfähig« halten? Diesen Ausdruck finde ich interessant. Ich hätte spontan gesagt, dass es doch darum gehen muss, einen Mitarbeiter »leistungsfähig« zu halten. Denn was nützt es dem Unternehmen, wenn der Mitarbeiter sich mit irgendetwas »beschäftigt«, aber am Ende kein zählbares Ergebnis dabei herauskommt?

Vielleicht hat dieses Unternehmen ja einfach noch besser als ich verstanden, dass wir künftig nicht mehr in einer Leistungsgesellschaft leben werden und uns deshalb nicht mehr alleine über die Leistung definieren können.

Der Konzern hat deshalb ein richtiges *Work-Life-Management-Zentrum* aufgebaut und setzt einen klaren Akzent: »Wir wollen, dass du gute Arbeit leistest! Wir wollen, dass es dir gut geht!«
Das Unternehmen bietet den Mitarbeitern regelmäßige medizinische Gesundheitschecks, um die Eigenverantwortung für ihre Gesundheit zu fördern. Es gibt alle möglichen Angebote rund um die Vereinbarkeit von Beruf und Familie, natürlich ein Fitnesscenter und eine Sozial- und Pflegeberatung. Mitarbeiter, die eine pflegebedürftige Person in der Familie haben, werden gezielt durch flexible Arbeitsmodelle entlastet.

Ein Wirtschaftsunternehmen investiert nur dann, wenn ein Gewinn zu erwarten ist.

Außerdem wird ein Seminar für Mitarbeiter in der Mitte ihres Berufslebens angeboten, in dem es um die Standortbestimmung und die Zukunftsperspektive geht – eindeutig eine Maßnahme gegen die typische Midlife-Crisis. Nach durchschnittlich 25 Arbeitsjahren und noch mindestens 20 Jahren vor sich, fragen sich die

Menschen: »Wie sieht meine berufliche Zukunft aus, was kann ich verändern, wie kann ich mich weiterentwickeln?« Mitunter schauen sie auch deprimiert zurück und fragen sich: »Kann das alles gewesen sein?« Die Standortbestimmung hilft ihnen dabei, die gewünschten Veränderungen aktiv anzugehen – und zwar auf Basis der schon erworbenen Fähigkeiten und Kenntnisse.

Das Unternehmen passte die Arbeitsplätze ebenfalls auf das steigende Alter der Belegschaft an: Die Großraumbüros wurden neu gestaltet, die Akustik optimiert. Im Werk wurden Hebehilfen aufgestellt und größere Bildschirme angeschafft, um die Arbeit sicherer und einfacher zu machen. Und in den Einheiten, in denen schwer körperlich gearbeitet wird, achtet man darauf, die Belastungen für die Mitarbeiter so gering wie möglich zu halten, um Unfälle zu vermeiden.

Das alles hört sich für mich an, als habe dieser Großkonzern erkannt, dass er Geld in die Hand nehmen muss, um in ältere Mitarbeiter zu investieren. Das tut ein Wirtschaftsunternehmen nicht nur, wenn ein kurzfristiger Gewinn zu erwarten ist. Auch beziehungsweise gerade der Faktor Mensch spielt eine zentrale Rolle für den langfristigen Unternehmenserfolg. Insofern berücksichtigen diese vielen teuren Maßnahmen aus meiner Sicht den hohen Wert, den das Unternehmen in den älteren Mitarbeitern erkannt hat.

Silver Worker

Ich bin davon überzeugt, dass dies der Anfang einer breiten Bewegung in der deutschen Wirtschaft ist, die den Wert der älteren Generation als Arbeitskräfte neu taxiert und deutlich höher festschreibt. Diese Aufwertung drückt sich aus in Anerkennung und Aufmerksamkeit für Ältere. Und das wiederum hilft den Älteren, ihr eigenes Selbstwertgefühl zu stärken. Sie spüren, dass ihr Umfeld plötzlich anders mit ihnen umgeht. »Wir gehören nicht zum alten Eisen!« Dieses neue Selbstvertrauen macht Senioren umso attraktiver für die Unternehmen.

Es ist gut, wenn viele alte Menschen wieder arbeiten gehen – und es war eigentlich im Verlauf der Menschheitsgeschichte normal. Arbeit ist keine unsittliche Zumutung, vielmehr glaube ich, dass es den Alten Freude machen würde, auch nach dem Eintritt ins Rentenalter im Unternehmen zu bleiben oder wieder dorthin zurückzukehren. Stundenweise. Tageweise. Projektweise. Ein Modell, das hier in Deutschland mittlerweile gar nicht mehr so unüblich ist.

Es gibt inzwischen eine ganze Reihe deutscher Konzerne wie Bayer, Bosch, Daimler, Allianz und den Versandhändler Otto, die ihre Mitarbeiter erst gar nicht richtig in den »Ruhemodus« entlassen, sondern weiterhin als Berater, Interimsmanager oder Coaches beschäftigen. Zu wertvoll ist das Wissen, das diese Menschen über die Jahre angesammelt haben.

Beispielsweise vertraut Daimler bei speziellen Aufgaben lieber den »Altgedienten« und holt sie dafür zeitweise aus dem Ruhestand zurück. Wenn es darum geht, an alten IT-Systemen zu arbeiten oder laufende Applikationen neuen Erfordernissen anzupassen, findet Personalvorstand Wilfried Porth keine besseren Arbeitskräfte: »Wir hatten tatsächlich niemanden mehr, der die Programmiersprache konnte«, sagte er in einem Interview mit der Wochenzeitung *Die Zeit*.

Auch bei anderen Aufgaben, bei denen Erfahrung zählt und »spezielles Mercedes-Wissen« erforderlich ist, wendet sich Porth an die ehemaligen Daimler-Mitarbeiter zwischen 60 und 75. Fast 400 Rentner, die gern auf Abruf bereitstehen, hat er in seiner Datenbank. Auch Bosch und die Otto-Gruppe haben ähnliche Programme aufgelegt.

In dieser Hinsicht sind die Unternehmen den Politikern meilenweit voraus. Ihre Angebote sorgten dafür, dass 2011 laut einer vom Deutschen Institut für Wirtschaftsforschung (DIW) beauftragten repräsentativen Umfrage, deren Ergebnisse Anfang 2013 durch alle Medien gingen, doppelt so viele Menschen im Rentenalter einer Beschäftigung nachgingen wie noch zehn Jahre zuvor.

>>Warum sollte ich aufhören zu arbeiten?
Ich kann in allen Bereichen machen, was ich will.
Ich wäre dumm, das aufzugeben.<<

Natürlich können Sie das, wenn Sie möchten, auch als einen Mangel interpretieren nach dem Motto: Furchtbar, dass Rentner gezwungen werden, im Alter zu arbeiten. Aber ich sehe das nicht so. Ich bin davon überzeugt, dass die meisten Menschen, die über die gesetzliche Altersgrenze hinaus arbeiten, das aus freien Stücken tun – und weil es dafür passende Angebote gibt.

Das gilt ebenso für die Führungsetagen: Inzwischen bringen viele »graue Stars«, die früher Vorstandsmitglied großer deutscher Konzerne waren, ihre Erfahrung ins Spiel und jetten für ihr Unternehmen (oder ein anderes) durch die Welt. Auf dem Schoß: ihr Tablet-PC.

Das *Manager Magazin* beschrieb in der Ausgabe 2/2014 wunderschön, warum ein extrem erfolgreicher Unternehmer und Topmanager wie Ben Lipps im Alter von 73 Jahren noch mal ein Berliner Kleinunternehmen mit 18 Mitarbeitern leitet. Lipps war in den 1960-Jahren einer der Entwickler der Dialyse und baute mit dieser Technologie den heutigen DAX-Konzern Fresenius Medical Care auf. Lipps war preisgekrönter Unternehmer und einer der bestbezahlten deutschen Manager überhaupt. Heute sucht er Investoren für sein kleines Start-up, das versucht, eine neue Therapieform gegen Krebs marktfähig zu machen.

Warum er das tut? Weil er glücklich sei, einen sinnvollen Beitrag zu leisten, sagt er. So einfach bringt er auf den Punkt, was der Antrieb für Millionen von verdienten Experten sein könnte, um nach der Rente erneut ihre gesammelte Erfahrung in die Waagschale zu werfen und ihr Können der Welt zur Verfügung zu stellen – anstatt es auf dem Golfplatz oder auf Kreuzfahrten verkümmern zu lassen.

Wer liebt, was er tut, braucht eben keinen Ruhestand. Für den 80-jährigen Modeschöpfer Karl Lagerfeld ist die Vorstellung jedenfalls indiskutabel, da alles, was mit Ruhen und Stehen zu tun habe, nichts für ihn sei. In einem Interview mit Vogue.TV sagte er: »Warum sollte ich aufhören zu arbeiten? Ich kann in allen Bereichen machen, was ich will. Ich wäre dumm, das aufzugeben.«

Wer mit 70 noch arbeitet, hat auch den Vorteil, immer von jungen Menschen umgeben zu sein – das hält fit und jung. Hasso Plattner gründete einst als einer von fünf mutigen deutschen

Softwarepionieren den heutigen IT-Giganten SAP. Über Jahre bestimmte er in der Führungsetage den Kurs des Unternehmens mit. Nach seinem Ausscheiden aus dem Tagesgeschäft wurde er erst so richtig aktiv: Weltweit baute er Institute auf, sponsert Universitäten, unterstützt junge Unternehmensgründer, sucht Talente, stellt Risikokapital zur Verfügung. Er gilt als einer der größten privaten Wissenschaftsförderer der Welt.

> **Alles, was mit Ruhen und Stehen zu tun hat, ist nichts für Lagerfeld.**

Dass es wichtig ist, Kontakt mit den jungen Leuten zu halten und auf sie zu hören, lernte Plattner schon früh bei SAP. Im Interviewband *Dem Wandel voraus* aus dem Jahr 2000 erzählt er dazu eine schöne Geschichte: Anfang der 1990er-Jahre, als es weder Mobiltelefone noch das World Wide Web gab, hatte er einen jungen Mitarbeiter, der ihn nervte, weil er sein Fahrrad ins Büro mitnahm, wenn es draußen regnete. So was machte man ja schließlich nicht. Aber der Junge verstand überhaupt nicht, was das Problem war und worüber sich Plattner eigentlich aufregte. Außerdem trietze er ihn ständig mit diesem merkwürdigen »Internet«, das damals keinen bei SAP interessierte. Irgendwann kündigte er, um durch die Welt zu reisen. Aber nicht, ohne vorher noch einen Abschiedsbrief an Hasso Plattner zu schreiben,

»Inder Netz«

in dem er ihn mahnte, bloß ja nicht das Internet zu vergessen: »Niemand begreift, was da auf uns zukommt!« Der junge Mann befürchtete, dass sich nach seinem Weggang bei SAP keiner mehr ums Internet kümmern werde. Plattner schüttelte zuerst den Kopf über diesen schrägen Vogel. Doch er bewahrte den Brief auf, und die Mahnung, sich ums Internet zu kümmern, ging ihm nicht aus dem Kopf. Und dann kam das Jahr 1995 – und plötzlich war das Internet da! Überall auf der Welt kochte das Thema hoch, Firmen wurden gegründet, Investoren sprangen auf den Zug auf, die ganze Wirtschaft war aufgeschreckt. Zuerst verstand Plattner nicht, was das alles bedeuten sollte: Von Seite zu Seite hüpfen? Was konnte an diesem Internet denn so toll sein? Dann erinnerte er sich an den jungen Typen und seinen Abschiedsbrief: »Achten Sie auf das Internet!« Also setzte er eine Initiative in Gang und startete eine Kooperation mit Microsoft, um gemeinsam mit Bill Gates auszuloten, wie SAP das Internet nutzen könnte. Das Internet brachte die größte Umwälzung der Wirtschaft seit Dampfmaschine und Elektrizität – und SAP bekam auf diese Weise gerade noch rechtzeitig die Kurve.

Es ist eben wichtig, dass die Alten auf die Jungen hören – und die Jungen auf die Alten. Wir lernen gerade, dass die Alten uns immer noch was zu sagen haben.

> **Es ist wichtig, Kontakt mit den jungen Leuten zu halten und auf sie zu hören.**

Der Headhuntingbranche hat sich dadurch eine neue Zielgruppe eröffnet. Gesucht wird jetzt nicht mehr »jung, dynamisch, erfolgreich«, sondern »grau, erfahren, dickhäutig«. Auch soziale Netzwerke wie Masterhora (»Wissen ist Silber, Erfahrung ist Gold«, www.masterhora.de) haben den Wert der Älteren erkannt und verknüpfen Ruheständler mit Unternehmen.

Trauten sich früher viele Menschen ab 50 kaum noch, irgendwo eine Bewerbung einzureichen, sieht die Lage heute ganz anders aus: Die neuen »Very Experienced Persons« (VEPs) sind gefragt wie nie. Sie kennen die neueste Software vielleicht nicht bis in die letzte Programmierzeile, dafür haben sie alle teuren Anfängerfehler schon mal gemacht und sind versiert darin, sie zu vermeiden. Sie wissen auch, wie man Dinge auf lange Sicht erfolgreich anpackt und gelassen bleibt, wenn's mal brennt.

> **Sie wissen, wie man gelassen bleibt, wenn's mal brennt.** ___

Tatsache ist, dass die klassische »Bogenkarriere« (ab 50 geht es abwärts) ausgedient hat und viele Unternehmen schon jetzt aktiv auf Seniorensuche sind. Und es werden noch deutlich mehr werden, denn laut der Studie *Den demografischen Wandel im Unternehmen managen* von Mercer und Bertelsmann aus dem Jahr 2012 tun das erst 8 Prozent der Unternehmen. Es ist also noch viel Luft nach oben.

Die Studie *Produktiv im Alter* vom Berlin-Institut für Bevölkerung und Entwicklung aus dem Jahr 2013 liefert weitere interessante Zahlen: Bisher liegt die Erwerbsbeteiligung bei uns unter den 55- bis 64-Jährigen erst bei rund 60 Prozent, während beispielsweise Island schon fast 80 Prozent aufweisen kann. Wie produktiv könnten wir sein, wie stark wäre unser Wirtschaftswachstum, wenn wir auch die restlichen 40 Prozent – oder zumindest einen Großteil davon – wieder ins Boot holen würden! Und genau das passiert offensichtlich gerade. Laut aktuellen Zahlen des Statistischen Bundesamtes hat sich die Erwerbsquote der 60- bis 69-Jährigen in den letzten zehn Jahren verdoppelt!

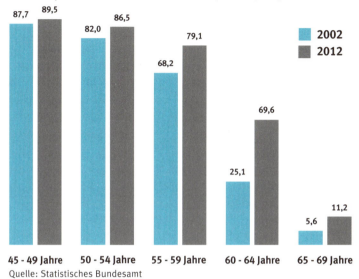

Dieses *riesige Reservoir von Know-how und Erfahrung* zu erschließen, sehe ich nicht als Aufgabe der Politik. Wie sollte das auch gehen? Die Unternehmen sollten die Politiker mit ihren wahnwitzigen Entscheidungen zum Rentensystem einfach links liegen lassen und aus eigenem Antrieb attraktive Lösungen anbieten, die es Menschen zwischen 65 und 75 ermöglichen, ihren Leistungspotenzialen, aber ebenso ihren Leistungsbeschränkungen gemäß zu arbeiten.

> Je offener und besser Menschen zusammenarbeiten, desto besser sind logischerweise auch die Ergebnisse.

Natürlich können wir von älteren Mitarbeitern nicht erwarten, dass sie über die gleiche körperliche und kognitive Kondition verfügen wie die jungen Hirsche. Darum muss der Fokus der Ar-

beit auf der Erfahrung, der Menschenkenntnis und dem »weiteren Blick« liegen, mit dem sie physische und mentale Einbußen kompensieren oder sogar überkompensieren.

In der Praxis lassen sich Alt und Jung am sinnvollsten in *altersgemischten Teams* zusammenbringen. Das hat neben der gesteigerten Produktivität durch den Wissenstransfer zudem einen handfesten sozialen Vorteil: Wenn die Generationen zusammenarbeiten, gewöhnen sie sich aneinander. Vorurteile in beiden Richtungen werden abgebaut, man schaut viel differenzierter aufeinander und lernt sich gegenseitig zu schätzen. Das entzieht der Arroganz nach dem Muster »Die jungen Leute heutzutage ...« oder »Altersstarrsinn eben ...« den Boden. Und es ist nun mal so: Je offener und besser Menschen zusammenarbeiten, desto besser sind logischerweise auch die Ergebnisse. Unternehmen können sich ausgrenzende Gruppendynamiken heute schlicht nicht mehr leisten.

> **Talent wird so rar werden, dass das Lebensalter keine Rolle mehr spielt.**

Einer Sorge möchte ich dabei gleich mal den Wind aus den Segeln nehmen: Die Angst, dass die Älteren die Jüngeren aus dem Arbeitsmarkt verdrängen, ist genauso unbegründet wie die umgekehrte Annahme. Die harten Fakten auf den Arbeitsmärkten stellen die Unternehmen vor enorme Herausforderungen, aber sie werten jeden einzelnen Mitarbeiter auf: *Talent wird so rar werden, dass das Lebensalter keine Rolle mehr spielt.* Die Menschen streiten sich nicht mehr hart konkurrierend um die besten Arbeitsplätze, sondern sie können sich entspannen: Die Unternehmen sind es, die um sie streiten und konkurrieren. Das ermöglicht es den Mitarbeitern, sich auf ein fruchtbares *Zusammenwirken* zu konzentrieren. Der Kollege kann kein Feind mehr sein, weil genug für alle da ist.

Kompakt:

Neue Arbeitszeitmodelle
entlasten unser gesamtes Leben –
das gilt für alle Generationen.

Ältere Arbeitskräfte sind gefragt
wie nie. Was sie an Erfahrung und
Wissen mitbringen, wiegt mögliche
körperliche oder kognitive Defizite auf.

Altersgemischte Teams können
produktiver sein als homogene Teams.

Aktive Gesundheitsvorsorge
und lebenslanges Lernen
erhöhen die Beschäftigungsfähigkeit
von Mitarbeitern.

Gezielte Umbauten am Arbeitsplatz
und altersgerechte Schulungen
machen Unternehmen für
ältere Arbeitnehmer attraktiv.

Teilzeit bekommt einen
neuen Stellenwert.
Im Jobsharing zwischen Alt
und Jung liegen neue Chancen.

Kapitel 6:
Wiedergeboren

Im Moment stehen wir hier:

> **alt = altersschwach, angegraut, hinfällig, senil, welk, dienstunfähig, tapprig, vergreist, verkalkt, verknöchert, ausgeleiert, baufällig, verschlissen, ausgedient, abgenutzt, abgedroschen, langweilig, verdorben, vertrocknet, gestrig, überholt, antiquiert, brüchig, verfallen, mürbe, morsch, schrottreif, abgezehrt, degeneriert, gebrechlich, schlapp, hinfällig, verblüht, verdorrt, klapprig, matt, saftlos, verstaubt, vorsintflutlich, desolat, verwest.**

So klingt die Mehrzahl der Ergebnisse, die man erhält, wenn man das Wort »alt« im Internet in ein Synonymwörterbuch eingibt. Tatsache ist: Es gibt in unserem Sprachgebrauch unglaublich viele Wörter, die mit »alt« assoziiert werden – und die meisten davon sind negativ belegt.

Alt werden beziehungsweise alt sein, das scheint in unserer Kultur kein besonders erstrebenswertes Ziel zu sein. Ein Makel. Etwas Unerwünschtes, etwas Unvermeidbares, das man gern vermeiden würde. Wir verbinden beispielsweise Schönheit konsequent mit Jugend – der Umkehrschluss spricht Bände.

> **Alt sein scheint in unserer Kultur kein erstrebenswertes Ziel zu sein.**

Natürlich stellen sich auch die Medien darauf ein, dass die Leserschaft immer älter wird. Im *Playboy* wird ab und zu auch mal eine 50-jährige Dame entblättert und kunstvoll ins Bild gerückt. Entlarvend ist dann aber, wie das geschieht: Wenn die 55-jährige Sharon Stone beim Bikini-Shooting ihren Körper zeigt, demonstriert sie damit nicht, dass sie stolz auf ihren 55-jährigen Körper und zufrieden mit sich selbst und ihrem Aussehen ist. Sie dokumentiert vielmehr ihren erfolgreichen Kampf gegen das Alter. Die Fotos zeigen sie in Posen wie eine 20-Jährige – und sie sieht in der Tat unglaublich viel jünger aus als eine typische Altersgenossin. Ihr Körper ist straff und durchtrainiert, ihre Silhouette kurvig, ihr Gesicht weitgehend faltenfrei, ihr Teint makellos. Solche Fotos sind eine Demonstration von Jugendlichkeit – sie sollen also gerade *nicht* ihr Alter zeigen, sondern ihren Triumph über das Alter. Die Reaktionen der Fans und der Medien fallen dementsprechend aus: »Wahnsinn, wie sexy Sharon Stone mit 55 *noch* ist!« Alle fragen sich, wie sie es nur schafft, in dem Alter *noch* so toll auszusehen. Lesen Sie genau: Das Wörtchen »noch« ist der Schlüssel!

Wie sie das schafft, mit 55 »noch« so jugendlich-sexy zu sein, ist leicht erklärbar: asketisches Essverhalten, tägliches, stundenlanges Training, Hämorrhoidensalbe, die vor dem Shooting auf die faltigen Gesichtspartien aufgetragen wird, sodass die Falten vorübergehend wegschwellen, Schminke nach allen Regeln der Kunst, raffinierte Beleuchtung, geschickte Posen. Und wenn alles nichts mehr hilft, hilft eine nachträgliche Retusche per Photoshop. Ganz einfach. Das alles ist ein gigantischer Fake.

Dabei ist Sharon Stone, wenn man sie auf manchen Paparazzifotos ungeschminkt und nicht aufgebrezelt sieht, eine wirklich attraktive Mittfünfzigerin. Die Frage an den einzelnen Menschen lautet deshalb: Wozu versucht sie – stellvertretend für alle alternden Stars des internationalen Showbiz – mit solchen aufwendig inszenierten Blendaktionen jünger zu erscheinen, als sie ist? Und die Frage, die die Gesellschaft betrifft: Wozu konsumieren Tausende von Medien und Millionen von Menschen begierig solche Bilder?

Die Antwort auf die erste Frage gibt Sharon Stone selbst. Im US-amerikanischen Fitnessmagazin *Shape* erklärte sie im März 2014 neben ihren neuesten Bikinifotos freimütig: »In meinen 40ern kam ich an einen Punkt, an dem ich mich in meinem Badezimmer mit einer Flasche Wein einschloss..., mein Gesicht ewig im Vergrößerungsspiegel untersuchte, meinen Körper musterte und heulte und heulte und heulte«.

Also beschloss sie, etwas dagegen zu unternehmen. Das heißt: Anstatt ihren Frieden damit zu machen, alt zu werden, nahm sie den Kampf dagegen auf: Downaging! Die Ich-bin-zwar-alt-aber-trotzdem-sexy-Fotos sind also nichts anderes als Reportagen aus einem Kriegsgebiet – und über einen Krieg gegen sich selbst.

Und was die Antwort auf die gesellschaftliche Frage betrifft: Immer wenn Menschen eine bestimmte Position für oder gegen etwas einnehmen, versuchen sie das Pro zu befördern und das Contra wegzuargumentieren, auszublenden, zu entfernen, nur um recht zu behalten. Sind Sie beispielsweise der Meinung, dass Kapitalismus und Marktwirtschaft schlecht und böse sind, blenden Sie die freie Wirtschaft aus Ihrem Denken aus. Dann sorgen Sie dafür, dass Wirtschaftslehre an den Schulen keine Rolle spielt, Sie veröffentlichen Artikel, in denen die Unternehmenssicht nicht vorkommt, machen eine Politik, die die Bedürfnisse der Unternehmen ignoriert, reden im Freundeskreis niemals über Wirtschaftsthemen und so weiter. Sie blenden die Wirtschaft aus, weil Sie sie als schlecht und böse bewerten. In diesem Punkt sind Sie der Überzeugung, die Wahrheit zu vertreten. Sobald jemand anderer Meinung ist und eine unterschiedliche Position vertritt, reagieren Sie empört und holen die Moralkeule hinter dem Rücken hervor, um alle positiven Standpunkte zur freien Marktwirtschaft, die um Sie herum auftauchen, schnell wieder ins Dunkel zu vertreiben. Der Punkt ist: Die Wirtschaft verschwindet dadurch nicht wirklich. Sie ist nach wie vor da. Sie können sie nur nicht mehr sehen. Sie schieben sie aus Ihrer persönlichen Welt ... und tragen die Konsequenzen. Denn Ihr Leben ist somit ärmer, Ihre Welt ist kleiner, Ihr Horizont enger. Aber immerhin: Sie behalten recht.

> Natürlich ist dieser Kampf zum Scheitern verurteilt, denn das Alter gewinnt ja sowieso.

Diesen Effekt, das Unerwünschte in einen toten Winkel abzuschieben und damit im Alltag unsichtbar zu machen, gibt es auch auf gesellschaftlicher Ebene, denn eine Gesellschaft ist ja nichts anderes als eine Gruppe von Individuen. Wünschen die Menschen in einer Gesellschaft beispielsweise mehrheitlich, dass der Staat die Wirtschaft zentral steuert, weil die freie Marktwirtschaft als böse angesehen wird, dann wird die freie Marktwirtschaft aus dem Blickfeld dieser Gesellschaft verschwinden. Dennoch löst sie sich auf diese Weise nicht einfach in Luft auf, sondern existiert außerhalb der Grenzen, während die Bürger des Staates in der Illusion leben, das Böse getilgt zu haben. Eines Tages bricht der Kampf gegen die Realität zusammen, die Mauer fällt, und zack ist die freie Marktwirtschaft wieder da. Na, jedenfalls eine einigermaßen freie Marktwirtschaft.

So verhält sich das auch mit dem Kampf gegen das Alter. Ein Mensch, der die Einstellung vertritt, das Alter sei etwas Schlechtes und Hässliches beziehungsweise die Jugend sei etwas Gutes und Schönes, der will selbst weder hässlich noch schlecht sein. So jemand *darf* nicht altern. Denn das wäre ja eine Niederlage gegen die eigene Einstellung. Weil aber nun genau diese Einstellung zum Alter bei der Mehrheit der Gesellschaft mit jeder Menge negativer Eigenschaften verbunden ist, versucht diese Mehrheit, in einem ersten Eskalationsschritt *das Alter zu bekämpfen.* Vor allem Frauen tun das, Stars wie Sharon Stone werden für sie zum leuchtenden Vorbild.

> **Ein gesetzlich geregeltes Renteneintrittsalter ist schädlich, unzeitgemäß, willkürlich und wird dem Menschen nicht gerecht!**

Natürlich ist dieser Kampf zum Scheitern verurteilt, denn das Alter gewinnt ja sowieso. Die zweite Eskalationsstufe in diesem Konflikt ist die vorläufig wirksamere: *das Alter ausgrenzen.* Zum Beispiel aus der Wirtschaft. In den Unternehmen kommen Menschen über 65 dank der anachronistischen, im Kern aus der Zeit der Industrialisierung stammenden Gesetze schlicht nicht vor. Das gesetzliche Rentenbeil hackt die Erwerbsbiografien an der markierten Stelle einfach ab. Zack! Das aber wird weder den Fähigkeiten und Bedürfnissen der alten Menschen gerecht noch den Möglichkeiten und Notwendigkeiten der Unternehmen.

Ich sage es hier klipp und klar: Ein gesetzlich geregeltes Renteneintrittsalter ist schädlich, unzeitgemäß, willkürlich und wird dem Menschen nicht gerecht! Dieses staatlich festgelegte Verfallsdatum ist für uns alle ein Wahnsinn und hat mit der Würde des Menschen nichts zu tun. Ich plädiere für die Abschaffung der Rente mit 63, 65, 67 oder 70 – das jeweilige Alter ist vollkommen egal, es kann nur falsch sein.

Vielmehr fordere ich die Unternehmen und alle älteren Arbeitnehmer dazu auf, gemeinsam individuelle Wege zu finden, wie Sie dem Gesetzgeber eine lange Nase drehen und einer *sinnvollen, dem Alter gemäßen Arbeit* nachgehen, auch wenn das Rentenalter schon längst überschritten ist. Ich wünsche mir viel, viel mehr alte Haudegen in den Unternehmen!

Genauso bin ich dafür, das gesetzliche Rentenalter auch nach unten zu missachten, indem es unterschritten wird: mit *Altersteilzeit* zum Beispiel. Wer früher anfängt, weniger zu arbeiten, kann das noch viele Jahre tun und die Einbußen bei der Rente dadurch ausgleichen, dass er länger in Teilzeit dazuverdient. Das geht rechtlich allerdings nur, wenn der Arbeitgeber mitspielt. Umso wichtiger ist es, dass Arbeitnehmer und Arbeitgeber miteinander darüber reden – und zwar am besten erst mal ohne Anwälte, Gewerkschaften oder sonstige Akteure, die jeweils bloß ihre eigenen Interessen vertreten.

Der Gesetzgeber hat natürlich auch das schon verregelt: Arbeitnehmer müssen mindestens 55 sein und innerhalb der letzten fünf Kalenderjahre vor Beginn der Altersteilzeit mindestens 1.080 Kalendertage versicherungspflichtig beschäftigt gewesen sein, sagt das Altersteilzeitgesetz. Es regelt ebenfalls, dass der Arbeitgeber das Gehalt des Arbeitnehmers, der Stunden reduziert, zum Teil aufstocken muss. Womit das Ganze für den Arbeitgeber wieder nur dann attraktiv wird, wenn er den Arbeitnehmer loswerden will. Ein Zeichen dafür, dass dieses Gesetz aus einer vergangenen Zeit stammt.

Kulturelle Veränderungen gingen schon immer von der Wirtschaft aus.

Vielleicht will das Unternehmen den Mitarbeiter ja gar nicht loswerden, was künftig eher der Regelfall sein wird. Möglicherweise hat das Unternehmen ein Interesse daran, dass er seine Arbeitsstunden reduziert, weil er dadurch motiviert und leistungsfähig bleibt. Solche typisch bürokratischen und starren Regeln müssen von vielen Tausenden Unternehmen und Mitarbeitern unterlaufen werden, indem man gemeinsam individuelle Regelungen und Verträge vereinbart, die die Arbeitzeit etwa ab dem 50. Lebensjahr auf die individuelle Situation des Arbeitnehmers abstimmen.

Wenn die Unternehmen in der ganzen Breite beginnen, mit älteren Mitarbeitern *altersgerecht* umzugehen, werden diese nicht mehr aus der Wirtschaft ausgegrenzt. Dann wird es keinen scharfen Schnitt mehr geben zwischen »gerade noch jung genug« und »zu alt«. Die Wirtschaft wird menschengerechter, indem auch über 70-jährige Mitarbeiter wie selbstverständlich dazugehören und dabei sind, wenngleich meistens nicht in Vollzeit. In dem Maße, in dem wir die Alten aus dem kollektiven toten Winkel wieder in die Mitte der produktiven Gesellschaft holen, wird sich unsere Kultur des Alters stark verändern.

Das ist der Weg. Kulturelle Veränderungen gingen schon immer von der Wirtschaft aus.

Pro Aging

Auf diese Weise löst sich ein weiterer Konflikt auf, der in uns tobt: *Wir wollen immer länger leben – aber alt sein will keiner! Das geht doch hinten und vorne nicht auf!* Ich glaube, wir wissen alle noch nicht so recht, was wir wirklich wollen, beginnen aber gerade damit, das Dilemma zu begreifen. Das ist so, als wäre man auf eine private Feier eingeladen und brächte der Gastgeberin einen schönen Blumenstrauß mit. Sie nimmt ihn entgegen, doch statt sich von Herzen zu freuen, wehrt sie die nette Geste mit den Worten ab: »Das wäre aber nicht nötig gewesen!« Ja was denn nun!? Genauso gehen wir zurzeit mit unserem Leben um und mit den Jahren, die es uns schenkt.

> Denn das letzte Lebensdrittel muss und soll niemanden unglücklich machen.

Dass Wellness heute eine riesige Branche geworden ist, wissen wir. Das ist ja auch wunderbar. Dass dabei allerdings *Anti-Aging* einer der größten Treiber ist, stört mich immer mehr.

Je mehr ich über diesen ganzen Komplex unseres Umgangs mit dem Alter nachdenke, desto mehr glaube ich, dass wir eine *Pro-Aging-Bewegung* brauchen. Erst wenn wir alle davon überzeugt sind, dass das Alter zu den besten Zeiten des Lebens zählt und es nicht nur erstrebenswert und schön ist, viele Jahre zu leben, sondern auch alt zu sein – erst dann werden wir dieses selbstgemachte Problem gelöst haben.

Das letzte Lebensdrittel muss und soll niemanden unglücklich machen, es darf nicht angstbesetzt sein und uns ebenfalls nicht in finanzielle Nöte stürzen, weder den Einzelnen noch die Gesellschaft.

Natürlich ist das ein ungewohnter Umdenkprozess, der nicht über Nacht passiert. Alle neuen Gewohnheiten brauchen ihre Zeit, um sich »normal« anzufühlen. Und wer es möchte, soll bitte schön alle Mittelchen, Säfte und Spritzen der Anti-Aging-Ära in Anspruch nehmen. *Es geht nicht um das Äußere, es geht um das Innere.* Ich bin überzeugt davon, dass das, was ich hier schreibe, genug Menschen im Kern berührt, die nicht mehr länger in einer Antihaltung verharren, sondern sich dem neuen Denken öffnen und sagen wollen: »Ja, ich möchte auch das *Pro* leben! Ich möchte mein Alter bejahen und aktiv dazu beitragen, dass daraus eine neue Kultur im Umgang mit den Älteren entsteht.«

Jeder Lebensabschnitt hat seinen eigenen Wert und seine eigene Wichtigkeit. Jedes Alter hat seine Schönheiten und seine Klippen. Und jede Stufe, die wir leben und erleben, gehört zu einem vollständigen erfüllten Leben dazu. Hermann Hesse hat gesagt: *»Alter ist nicht schlechter als Jugend. Blau ist nicht schlechter als Rot. Alter wird nur gering, wenn es Jugend spielen will.«*

So gesund, vital und beweglich wie möglich zu bleiben ist wichtig. Aber nicht um die Jugend zu konservieren, sondern um in der Lage zu sein, einen positiven Beitrag zu leisten. Genau den

Beitrag, den wir zu leisten im Stande sind – als voll integriertes und voll anerkanntes Mitglied der Gesellschaft. Nicht als Gnadenbrotbezieher. Faltenfrei zu sein ist dabei vielleicht ein Luxus, den manche brauchen, aber das ist nur ein Nice-to-have und kein Must-have, um sich glücklich und erfüllt zu fühlen!

Wichtiger sind meines Erachtens nach vielmehr die *Werte*, die sich mit jeder Phase unseres Lebens wandeln: Was ist mir jetzt im Alter wichtig? Worauf habe ich in der Jugend noch nicht genügend geachtet? Was kann ich erst jetzt leben, weil es durch meine Erfahrungen voll entwickelt ist? Und was bedeutet das für die Gesellschaft, wenn die Älteren ihre Werte ausleben? Das ist die Schatzsuche, auf die wir uns freuen können und die uns mit großen positiven Veränderungen belohnen wird.

Werte altern nicht, sie wandeln sich

Von Werten wird immer viel geredet. Für mich hat das allerdings erst dann Substanz, wenn die abstrakte Überflughöhe verlassen und konkretisiert wird. Fündig wurde ich dabei an vielen Stellen: Ich habe beispielsweise Dr. Andreas Giger und die Schweizer Stiftung »spirit.ch« gebeten, eine Onlineumfrage durchzuführen, und zu untersuchen, wie sich die Werte der alternden Gesellschaft in den letzten zehn Jahren gewandelt haben. Befragt wurden unter anderem auch die Abonnenten meines Newsletters. 607 Menschen mit einem Durchschnittsalter von 54 Jahren haben an dieser Studie teilgenommen.

Dabei kam Aufschlussreiches heraus: *Gesundheit* war für die Teilnehmer der wichtigste Wert – und gleichzeitig derjenige, dessen Wichtigkeit in den letzten zehn Jahren am deutlichsten zugenommen hat.

Ganz offensichtlich und wenig überraschend wird Menschen mit zunehmendem Alter die eigene Gesundheit immer wichtiger. Auffällig auch, dass zwischenmenschliche Werte wie *Vertrauen, Ehrlichkeit, Liebe* ganz oben rangierten, während gesellschaftliche »Modewerte« wie soziale Verantwortung, Sicherheit, Nachhaltigkeit von dieser Altersgruppe deutlich niedriger eingeschätzt wurden.

Zufriedenheit ist wesentlich wichtiger ist als Glück.

Lebensfreude, Lebenssinn und *Lebensqualität* gehören laut der Umfrage neben der Gesundheit in die Spitzengruppe derjenigen Werte, die für die Befragten im Alter besonders bedeutsam werden. Interessant ist, dass *Zufriedenheit* wesentlich wichtiger war als *Glück* – das freut mich, weil die Teilnehmer der Studie offenbar ein Stück weit immun gegen den medialen »Glückshype« der letzten Jahre sind.

Persönliche Bedeutung von 20 Topwerten

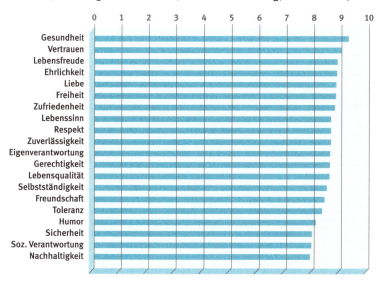

(1 = völlig unbedeutend, 10 = total wichtig, Mittelwerte)

Eine wichtige Erkenntnis ist für mich die, dass die persönliche Bedeutung von Werten keineswegs ein Leben lang festgeschrieben bleibt. Der *Wertewandel* hat insofern nicht nur eine gesellschaftliche, sondern auch eine persönliche Bedeutung. Wie hat sich die Bedeutung von Werten im letzten Jahrzehnt verändert?

Für die Teilnehmer ist, nach den Ergebnissen der Umfrage zu urteilen, in den letzten zehn Jahren erstaunlicherweise kein einziger Wert weniger wichtig geworden, alle Werte haben an Wichtigkeit gewonnen, und zwar mehr oder weniger stark:

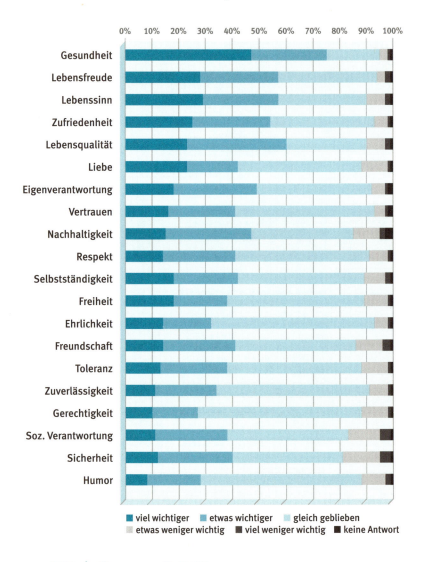

Wie hat sich die Bedeutung von Werten in den letzten zehn Jahren verändert?

Allerdings nicht alle im gleichen Umfang. Unangefochten liegt auch hier der Wert *Gesundheit* an der Spitze. Gesundheit war schon wichtig und ist für die Teilnehmer noch viel wichtiger geworden. Dahinter folgen *Lebensfreude, Lebenssinn, Zufriedenheit und Lebensqualität*. Zusammenfassend könnte man diese Werte als *Lebenskunst* bezeichnen. Dieses Thema hat im letzten Jahrzehnt eine eindeutige Dynamik entwickelt.

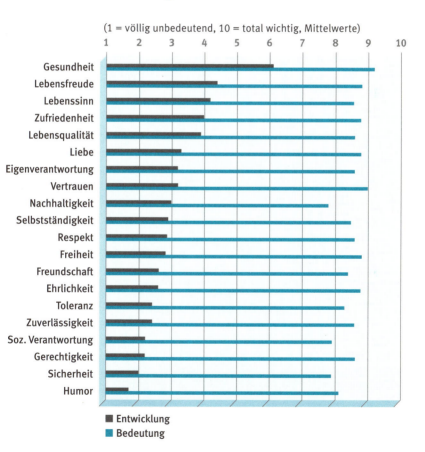

Entwicklung und Bedeutung von 20 Topwerten im Überblick

Kombiniert man die Bedeutung und Dynamik der einzelnen Werte, ergibt sich folgende Verteilung:

Bedeutung der »Selbstständigkeits«-Werte nach Altersgruppen

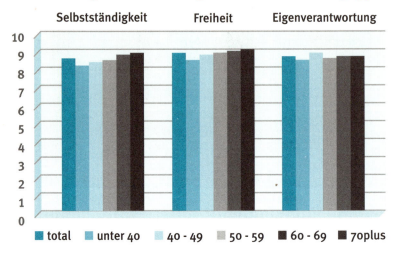

Werte, bei den sich Bedeutung und Dynamik etwa entsprechen, sind *Gesundheit, Lebensfreude, Liebe, Respekt, Freundschaft, Toleranz, Sicherheit, soziale Verantwortung*.

Eine Auswertung nach Altersgruppen zeigt, dass die Bedeutung des Wertes *Selbstständigkeit* mit zunehmendem Alter wächst. Ähnliches gilt für *Freiheit*, während *Eigenverantwortung* allen Altersgruppen gleich wichtig ist.

Tendenziell steigt die Bedeutung von *Lebenssinn, Lebensfreude und Lebensqualität* mit zunehmendem Alter leicht, wenngleich es nach 70 jeweils einen leichten Abfall zu registrieren gibt. Beim Wert *Gesundheit* ist interessant, dass die 50er leicht tiefer liegen als die Älteren und Jüngeren.

Humor, Freundschaft und Liebe sind allen Altersgruppen fast gleich wichtig und damit also weitgehend altersunabhängig, wobei die einzelnen Lebensphasen eine Rolle spielen: Bei den stark beruflich und anderweitig beanspruchten 40- bis 49-Jährigen

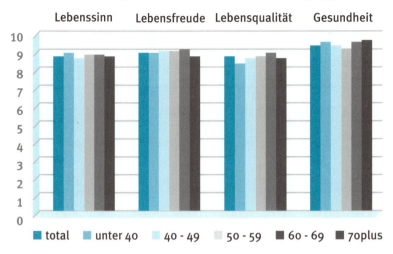

Bedeutung der »Lebens«-Werte nach Altersgruppen

etwa stieg die Bedeutung von *Freundschaft* unterdurchschnittlich, nach 50 dagegen nahm dieser Wert wieder zu. Auffällig ist, dass bei den Ältesten in den letzten zehn Jahren die Bedeutung von *Liebe* überdurchschnittlich wuchs.

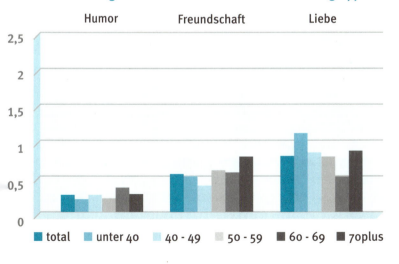

Veränderung bei »emotionalen«-Werten nach Altersgruppen

Bei *Lebensfreude* gibt es einen erkennbaren Zusammenhang: Je jünger die Gruppe, desto stärker der Zuwachs an Bedeutung. Aktuell dagegen liegen die Altersgruppen fast gleichauf.

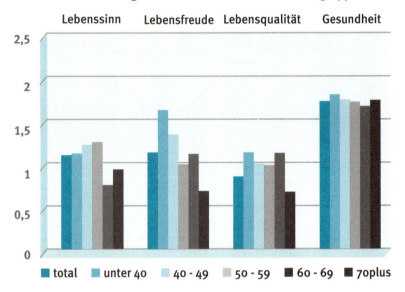

Die Ergebnisse unserer Onlineumfrage korrelieren mit den Untersuchungen des schwedischen Psychogerontologen Lars Tornstam. Sie zeigen, dass Menschen in älteren Jahren ihr Leben an anderen Werten ausrichten als in jüngeren Jahren. Während sich die Jüngeren noch stark leistungsorientiert und wettbewerbsorientiert verhalten, sich fokussiert an äußeren Reizen und Zielen ausrichten und materiellen Errungenschaften große Bedeutung beimessen, richten sich Menschen in späteren Jahren mehr auf geistige und immaterielle Errungenschaften aus, suchen Kontemplation, wertvolle soziale Kontakte und sehen das Leben eher im Gesamtzusammenhang.

In meinem Verständnis von Tornstams Konzept der *Gerotranszendenz* und mit meinen Worten ausgedrückt gibt es drei Bereiche, die sich im Alter stark verschieben:

1. **Vom eigenen Leben zum »eigentlichen« Leben:** Ältere Menschen setzen sich verstärkt mit dem universellen Zusammenspiel von Leben und Tod auseinander. Sie gehen gelassener mit dem Tod um, interessieren sich mehr für frühere Generationen und können den mysteriösen, unerforschten Seiten unserer Welt mit mehr Gelassenheit und Akzeptanz begegnen.
2. **Von der Egozentrik zur Ich-Integrität:** Während Jüngere viel Aktivität aufbringen, um ihr Ego zu nähren, und sei es auch auf Kosten anderer, definieren Ältere sich noch einmal neu. Ihnen fällt es viel leichter, neben den positiven Zuschreibungen auch negative Eigenschaften an sich zu akzeptieren. Diese Gelassenheit oder Bescheidenheit erleichtert die Kommunikation mit anderen Menschen, insbesondere mit jungen wie beispielsweise den Enkeln erheblich.
3. **Vom individuellen sozialen Spannungsfeld zum sozialen Individualismus:** Oberflächliche Zweckbeziehungen werden mit zunehmendem Alter unwichtiger und deshalb aufgegeben. Stattdessen nehmen sich die Menschen mehr Zeit für die wenigen Beziehungen, die ihnen über den Tageszweck hinaus wichtig sind. Ältere begreifen immer stärker, dass die moralischen Einteilungen in richtig und falsch beziehungsweise gut und schlecht oftmals willkürlich sind und nur auf dem Wunsch beruhen, recht zu behalten. Sie können darum souveräner und toleranter mit unterschiedlichen Meinungen und Standpunkten umgehen. Souveränität entwickeln Ältere ebenfalls im Umgang mit Normen, Gesetzen und Regeln, die sie als unsinnig erkennen: Sie setzen sich mit fröhlicher Eigenständigkeit darüber hinweg.

Alle drei Bereiche bringen mit sich, dass Ältere das Potenzial haben, kooperativer, kontaktfähiger und ihrem Umfeld zugewandter zu sein als Jüngere. Sie handeln dabei überlegter, eigenständiger, souveräner und zum Wohl des Ganzen. Man könnte auch sagen: *weiser*.

Wir dürfen die jüngeren Menschen nicht über Gebühr belasten.

Wenn das Alter unsere Gesellschaft in Zukunft stärker prägt als heute – und das wird zwangsläufig passieren –, dann werden diese persönlichen Eigenschaften sich auch in der Gesellschaft widerspiegeln. Und das bedeutet, dass wir alle mehr daran interessiert sein werden als heute, überdauernde Werte und Errungenschaften zu schaffen und zu erhalten. Das ist das große Thema *Nachhaltigkeit*. Wir werden außerdem als Land, Staat oder Volk gleichzeitig bescheidener und verantwortlicher agieren, weil es uns weniger darum geht, auf der Weltbühne oder in Europa groß aufzutrumpfen, als unseren Beitrag zu einem Miteinander in Frieden und Freiheit zu erbringen. Innerhalb der Gesellschaft wird sich mit zunehmender Alterung die Einsicht durchsetzen, dass wir die jüngeren Menschen nicht über Gebühr belasten dürfen. Vielmehr wird sich die alternde Gesellschaft überlegen, wie die ältere Generation so produktiv zu erhalten ist, dass sie sich selbst finanzieren kann.

Die entspannte Betrachtung des Lebens und die Fähigkeit zur Gesamtschau bei den Älteren ermöglicht uns, Zusammenhänge realistischer wahrzunehmen, das große Ganze und längere Zeiträume einzuschätzen, statt nur auf sich selbst und den kurzfristigen Vorteil fixiert zu sein. Diese Ausrichtung im Alter könnte man auch als *spirituell* bezeichnen – im Gegensatz zum rein materialistischen Ansatz. Fähigkeiten, die wir in unserer Gesellschaft auf diese Weise verstärken können, sind zum Beispiel:

- *Umsicht – alle Blickwinkel einer Sache betrachten, um ein Problem »herumsehen« und dann entscheiden.*
- *Gelassenheit – wissen, dass jede Welle auch wieder abebbt.*
- *Langfristigkeit – besonnen handeln, größere Wachstumszyklen erlauben.*
- *Qualitätsbewusstsein – Wertigkeit anstreben statt nur Volumen.*
- *Nachhaltigkeit – Ressourcen stärken und erhalten, statt sie bis aufs Letzte auszubeuten.*

Genau hier liegt unsere große *Chance*: An dieser Stelle können die Älteren ihren Beitrag leisten. Alle die genannten Eigenschaften suchen in unserer Gesellschaft jetzt nach Verstärkung, Verinnerlichung und Verkörperung. Sie sind hochrelevant, weil wir derzeit spüren, dass wir mit Egoismen, mit Kurzfristigkeitsdenken, mit Billigwahn, mit Massenkonsum, mit Burn-out und hektischem Aktionismus mehr und mehr Schaden anrichten und dabei sind, gesellschaftliche Systeme und möglicherweise auch unsere natürlichen Lebensgrundlagen an die Wand zu fahren.

Um es auf den Punkt zu bringen:
Die Werte der Alten sind genau das, was uns bislang gefehlt hat.

Das Runde muss aufs Eckige

Erst wenn wir die Alten in der Mitte unserer Gesellschaft integrieren als produktiven und aktiven Teil des Ganzen, ergibt sich ein rundes Bild! Dabei benötigen wir die Alten genauso, wie sie sind! Schließlich brauchen die Jungen keine weiteren »Möchtegernjungen« neben sich.

Damit geht es um die Ergänzung und Veredelung von Werten und nicht mehr um ein Entweder-oder. Die Energie und der Tatendrang der Jungen werden somit aufgefangen und abgerundet durch die Beständigkeit und den Weitblick der Älteren. Und ich behaupte mal, dass wir dann sogar sagen können: Wir wollen Qualität UND Quantität, damit jeder auf der Welt mit allem versorgt ist, was er braucht – und zwar auf die hochwertigste Art und Weise! Das bringt eine völlig neue Form der Wertschöpfung hervor. Und aus dem, was wir früher als »altes Eisen« bezeichnet haben, entsteht ein hochwertiger Baustoff: *Edelstahl!*

Früher: altes Eisen	Heute: Edelstahl
Schrott; kann weg	wertvoll; dringend gebraucht
Rost	rostfrei, glänzend
Müll	wichtiger Baustoff
Ab damit auf die Deponie!	Ab damit in die Produktion, zur Veredelung von Prozessen!
Nur noch zum Einschmelzen gut.	Überall da verwenden, wo es eine tragende Rolle spielt (Stahlträger etwa).

Um diese Tragkraft geht es, wenn wir derzeit gemeinsam lernen, neu und anders über das Alter zu denken.

Eisen, Tragkraft, Jung und Alt – dazu fällt mir die Firma *Mannesmann* ein. Ich war nämlich selbst in jungen Jahren bei Mannesmann, zunächst in der Holding, später in den Röhrenwerken. Die Gründung dieses weltberühmten Industriekonzerns Ende des 19. Jahrhunderts ist legendär. Reinhard Mannesmann senior hatte eine gut gehende Feilenfabrik in Remscheid. Seine Söhne Reinhard junior und Max waren wahre Tüftler. Das Problem, in dessen Lösung sie unter den Fittichen des Vaters alle ihre Energie steckten, war das der runden Rohre: Sie experimentierten an einem Verfahren herum, um nahtlose Stahlrohre herzustellen.

Bis dato wurden Rohre aus einem rechteckigen Stück Blech gemacht – ähnlich, als ob man ein Stück Papier zu einer Rolle formt. Es blieb immer eine Schweißnaht, die brüchig und kritisch war. Max und Reinhard Mannesmann entwickelten das sogenannte *Schrägwalzverfahren*, das es endlich erlaubte, Rohre ohne Naht zu produzieren.

Der Vater, von der Genialität seiner Söhne überzeugt, baute mit seinem Geld und seinen Kontakten vier Werke auf, die mittels des neuen Verfahrens Rohre herstellten. Doch es klappte nicht. Die produzierten Rohre waren zwar nahtlos, aber zu dickwandig. Sie hatten trotz allen Fortschritts nicht die Qualität, um auf dem Weltmarkt mitzuhalten. Das Verfahren war noch nicht ausgereift.

In jungen Jahren wollen wir alles »schnell, schnell«.

Doch Reinhard senior glaubte an seine Söhne und motivierte sie dranzubleiben. Den technischen Durchbruch brachte dann eine weitere Innovation, die die beiden Söhne austüftelten:
Das *Pilgerschrittverfahren*. Die Kombination aus Pilgerschritt und Schrägwalze war das sogenannte Mannesmann-Verfahren – und es revolutionierte den Weltmarkt. Mannesmann-Rohre waren eine riesige Erfolgsgeschichte. Sie wurden auf der ganzen Welt eingesetzt und machten das Unternehmen zu einem der erfolgreichsten Industriekonzerne aller Zeiten.

Die Grundlage für diesen Triumphzug bestand aus der Kombination von Schaffenskraft, Energie und Genialität der jungen Brüder mit der Ruhe, dem Weitblick und der Souveränität ihres Vaters.

Das ist die Vision, um die es mir geht. In jungen Jahren wollen wir alles »schnell, schnell« und möglichst von jetzt auf gleich. Diese Energie ist eine wichtige Antriebskraft. Wer aber ein gewisses Alter erreicht hat, weiß, *dass die schnellen Ergebnisse nicht immer die besseren sind* und dass es für manche Dinge einen langen Atem braucht – auch wenn der beim Treppensteigen jetzt manchmal wegbleibt.

Die Mannesmann-Söhne besaßen Mut und Pioniergeist. Und ihr Vater wusste, wie man diese Innovationskraft in die richtigen Bahnen lenkt – durch seine Erfahrungen, seine Kontakte, sein Geld. Die Jungen bewegten etwas, während der Vater mit seiner Weitsicht alles zusammenhielt und damit Fehler, finanzielle Katastrophen und andere Desaster vermied. Jeder Einzelne ist wichtig. Und zusammen gelingt der große Wurf.

Bei Mannesmann wurde nicht nur Familienmitgliedern die Möglichkeit gegeben, aktiv an der Zukunft des Unternehmens mitzudenken. Die Firma etablierte schon sehr früh ein für damalige Verhältnisse vorbildliches betriebliches Modell, wie alle Mitarbeiter ihren Genius einbringen konnten. Ein älterer Mitarbeiter tat sich dabei besonders hervor. Er war für uns jüngere damals ein leuchtendes Vorbild.

Und das kam so: Der Transport der Stahlrohre auf Lkws war ineffizient. Die Rohre mussten sicher gelagert werden, weil sie sehr schwer und damit im Verkehr sehr gefährlich waren. Wenn man drei große Rohre nebeneinander auf eine Ladefläche legte, passten auf die Lage darüber bloß noch zwei Rohre, nämlich genau in die beiden Lücken. Nur so lagen alle Rohre sicher und kamen nicht ins Rutschen. Dann passte jedoch in die dritte Lage lediglich ein Rohr. Der Querschnitt des Laderaums auf dem Hänger war aber rechteckig und nicht dreieckig, es wurde also immer viel Ladevolumen verschenkt.

Diese Tatsache machte sich niemand bewusst, weil Rohre schon immer »pyramidenförmig« transportiert worden waren.

Erst in den 1970er-Jahren entwickelte ein erfahrener älterer Mitarbeiter ein Patent zur Lösung des Problems: Er konzipierte ein ganz spezielles Profil, das jeweils auf die untere Lage Rohre gelegt wurde und als sich selbst stabilisierende Halterung für die darüberliegenden diente. Damit vergrößerte sich die Transporteffektivität auf einen Schlag um ein Drittel. Der schlaue Mann bekam damals eine sechsstellige Summe für seine Idee, und wir Jüngeren staunten nicht schlecht!

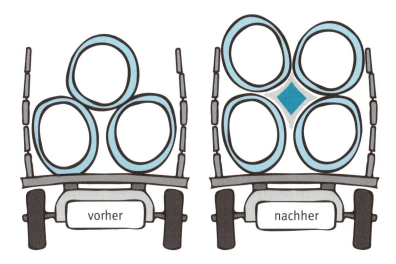

Natürlich muss es nicht immer eine millionenschwere Idee sein, obwohl es schön ist, als Mitarbeiter so wertgeschätzt zu werden. Ich wäre froh, wenn nicht nur die mit dem Alter im Allgemeinen zunehmende Erfahrung und Expertise in der Wirtschaft geschätzt würde, sondern auch die Selbstverantwortung und Souveränität, die ältere Mitarbeiter den jungen oftmals voraushaben.

Mehr Entscheider statt »Abnicker«

In jungen Jahren ist die Zukunft für viele von uns ungewiss: Wir haben gerade den Kredit fürs Haus und den Wagen unterschrieben, vielleicht ist das erste Kind schon unterwegs ... Sicherheiten sind uns in dieser Zeit wichtig, alles soll auf festen Füßen stehen. Das führt dazu, dass viele junge Arbeitnehmer nicht ihre vollen Handlungsspielräume ausleben: In Konflikten halten sie sich lieber bedeckt, treffen Entscheidungen, die möglichst »keine Wellen« schlagen. Welcher junge Familienvater, der hohe finanzielle Verpflichtungen hat und kurz vor einem Karrieresprung steht, trifft schon eine Entscheidung, die ihn den Job kosten könnte?

Unsere wahren Grenzen loten wir erst aus, wenn wir meinen, es uns erlauben zu können. Wenn wir uns unabhängig fühlen und frei, wenn wir souverän sind, weil wir schon alles oder zumindest fast alles aufgebaut und erreicht haben, was wir uns zum Ziel gesetzt haben. Dann trauen wir uns auch mal, den Mund aufzumachen, dem Chef zu widersprechen, zu sagen, was sich sonst keiner zu sagen wagt. Wir erlauben uns, Entscheidungen zu treffen, die anderen den Schweiß auf die Stirn treiben oder auch mal Fronten bilden.

Diese Freiheit und Souveränität sind nichts, was wir über Nacht erreichen. Wir erarbeiten sie uns, wir *verdienen* sie uns.

So wie zum Beispiel Sir Alex Ferguson, die Trainerlegende vom Fußballclub Manchester United, kurz ManU. Als sein Team im Achtelfinale der Champions League 2013 zu Hause gegen Real Madrid spielte, stand es zunächst sehr gut für die »Reds«. ManU dominierte das Spiel und führte 1:0. Es sah für keinen im Stadion so aus, als ob das spanische Team von Trainer José Mourinho die Partie noch einmal drehen könnte.

Doch dann passierte dem Angreifer Nani von ManU ein Missgeschick. Die Augen auf den Ball gerichtet übersah er seinen Gegenspieler und traf ihn schmerzhaft mit dem Fuß am Körper. So etwas passiert. Nach den Regeln ist das ein Foulspiel, das mit einem Freistoß geahndet wird, und fertig.

Nur der Schiedsrichter sah in der Szene etwas anderes, nämlich ein absichtliches Foul beziehungsweise »rohes Spiel«. Er stellte den fassungslosen Nani mit einer roten Karte vom Platz und dezimierte ManU auf zehn Mann. Sir Alex Ferguson tobte am Spielfeldrand ob dieser Ungerechtigkeit, aber er war machtlos.

»Sir Alex hat sich das Recht verdient, dass jede seiner Entscheidung als richtig zu gelten hat!«

Es kam, wie es kommen musste, die cleveren Spanier nutzten geschickt die Überzahl und trafen in der letzten Viertelstunde zweimal. Das Spiel war gedreht, Real hatte ManU aus dem Wettbewerb geworfen.

Ferguson entschied sich, der obligatorischen Pressekonferenz nach dem Spiel fernzubleiben. Er sei derzeit nicht in der Lage, über das Spiel und insbesondere über den Schiedsrichter zu sprechen, ließ er ausrichten.

Er wusste, dass er für das »Schwänzen« der Pressekonferenz eine empfindliche Strafe vom europäischen Fußballverband UEFA aufgebrummt bekommen würde, wollte aber trotzdem nicht erscheinen.

Als sich dann die Journalisten über seine Abwesenheit beschwerten und dementsprechende Fragen stellten, wurden sie unerwartet gestoppt: von José Mourinho.

Der Trainer der Gastmannschaft sagte auf Englisch: »Sir Alex hat sich das Recht verdient, dass jede seiner Entscheidungen als richtig zu gelten hat! Keine seiner Entscheidungen ist infrage zu stellen! Er ist der Beste! Sie (die Reporter) sind ein Nichts dagegen! Sie haben sich das Recht, eine solche Frage zu stellen, nicht verdient! Auch ich bin ein Niemand gegen ihn. Er hat einen großartigen Job gemacht, und dazu gehört auch diese Entscheidung, hier zu fehlen.«

Das ist Respekt! Mourinho ist einer der erfolgreichsten Trainer der Welt, doch gegenüber dem älteren Sir Alex verneigte er sich mit diesen Aussagen. Ferguson ist ein »Souverän«: In seinen knapp 27 Jahren bei und für Manchester United gewann er unter anderem 13-mal die englische Meisterschaft, 5-mal den englischen Pokal, 2-mal die Champions League und einmal den Europapokal der Pokalsieger. Er machte die »Reds« zu einem der drei umsatzstärksten Vereine der Welt und aus unzähligen Talenten Weltstars.

Nur aufgrund dieser Verdienste und seiner Seniorität ist zu erklären, warum die weltweite Fußballgemeinde es absolut in Ordnung fand, dass sich Sir Alex Ferguson in so einer Ausnahmesituation über Regeln hinwegsetzte. Er darf das.

Das Wort »souverän« bedeutet »oben befindlich«, »überlegen«. Das ist das Gegenteil von »sich unterordnen« beziehungsweise »Subordination«. Und genau davon brauchen wir mehr in unserer Gesellschaft: Menschen, die sich weise und überlegt über bestehende ausgesprochene und unausgesprochene Regeln hinwegsetzen, nicht zum Schaden, sondern zum Erhalt von Werten und Errungenschaften.

Prominentestes Beispiel dafür ist »unser« deutscher Papst Benedikt XVI. alias Joseph Ratzinger. Sein spektakulärer »Rücktritt« vom Heiligen Stuhl ist ein beeindruckendes Beispiel für Selbstverantwortung sowie für Verantwortung für das Größere und Souveränität: Benedikt XVI. traf eine Entscheidung, die es in der Kirchengeschichte noch nicht gegeben hat. Die so nicht vorgesehen war. Das ungeschriebene Gesetz lautete: Da der Papst von Gott ernannt wurde, kann er auch nur von Gott abberufen werden – nämlich durch den Tod.

Das Amt des Papstes und die katholische Kirche sind wichtiger als ich.

Als Benedikt aber spürte, dass seine körperlichen und geistigen Kräfte nachließen, übernahm er für sich selbst und für sein Amt als Oberhaupt der katholischen Kirche beispiellose Verantwortung und trat zurück. Er signalisierte damit der ganzen Welt: Das Amt des Papstes und die katholische Kirche sind wichtiger als ich.

Wie der Präfekt und persönliche Vertraute des Papstes, Georg Gänswein, später erklärte, hatte Benedikt sich die Entscheidung schon Monate vorher in Ruhe überlegt. Auslöser soll ein mahnender Befund seines Leibarztes gewesen sein, der befürchtete, der Papst würde die Strapazen der nächsten großen Reise nicht lebend überstehen.

Es war also keine Kurzschlussreaktion, sondern eine reife Entscheidung. Aus meiner Sicht eine weise Entscheidung, denn er hat im richtigen Moment das Angemessene getan. *Kairos* nennt man im Altgriechischen diesen Moment, die Chance, die es zu sehen und zu ergreifen gilt, im Gegensatz zu *Chronos*, der Zeit, die einfach nur verstreicht.

Und genau darum geht es. Um die Souveränität, in jedem Moment das Angemessene zu tun. Allerdings muss man sich diese Souveränität erst mal erworben haben. Dazu braucht es viele Jahre Erfahrung. Dazu muss man zunächst etwas erreichen – und auch gespürt haben, wie sich Fehler und Niederlagen anfühlen.

Und eines Tages – bei den einen mit 50, bei den anderen mit 60, 70 oder 80 – ist es so weit: Wir stehen auf dem Berg und schauen auf das Tal, während wir uns von dem Anstieg erholen und die Aussicht genießen. Und auf einmal haben wir Zeit. *Richtig viel Zeit.* Und wir begreifen erstmalig, dass es nicht darum geht, diese Zeit für uns selbst einzusetzen, sondern für die anderen.

Ein neues Zeitgefühl

Im Zuge unserer Wiedergeburt bekommt also auch der Erfolg, dieses Konzept und Ziel, auf das wir jahre- und jahrzehntelang zugesteuert sind (und wofür manche von uns einen hohen Preis bezahlt haben), ein neues Gesicht. Ganz oben auf dem Berg unseres bisherigen, materiellen Erfolgs, auf dem Gipfel des gesellschaftlichen Status, den wir uns über die Jahre erarbeitet haben, halten wir inne, atmen die frische Luft ein und denken darüber nach, was wir jetzt noch erreichen wollen. Die weitere Maximierung nach dem Muster »Mehr vom Gleichen« hat auf einmal an Attraktivität verloren. Noch ein Haus bauen? Noch ein Auto kaufen? Noch eine Reise machen? Irgendwie kommt uns das schal und leer vor.

> Der Begriff »Erfolg« bekommt dann eine völlig andere Bedeutung.

Durch den Überblick, den wir jetzt genießen, sehen wir viel mehr als nur unseren eigenen Berg, auf den wir uns bislang fixiert hatten. Stattdessen schauen wir uns um – und plötzlich entbrennt in uns eine Liebe zu *allen* Gipfeln, zum *ganzen* Gebirge. Bisher haben wir als Wanderer bloß einen Berg bestiegen, jetzt wollen wir Alpinisten sein. Bisher waren wir auf dem Karrieretrip, jetzt wollen wir die Wirtschaft fördern. Bisher haben wir gelernt, ein Handwerk zu beherrschen, jetzt wollen wir dem Handwerk dienen.

So bekommt der Begriff *Erfolg* eine völlig andere Bedeutung.

Auch die *Zeit* nehmen wir plötzlich ganz anders wahr: Was tue ich mit meiner Zeit, die sich ja nicht mehr, wie es uns in unseren 20ern und 30ern erscheint, unendlich vor uns erstreckt, sondern nun eine begrenzte Ressource ist? Was tue ich mit diesem kostbaren Gut – und wie tue ich es? Mit wem möchte ich mich in dieser Zeit, die mir noch bleibt, umgeben – mit wem nicht mehr? Wenn bislang unser Fokus darauf lag, möglichst viele Handgriffe zu tun, um viel für uns selbst zu erreichen, wollen wir jetzt nur noch die richtigen Handgriffe tun: eben die wirkungsvollsten, um viel für alle zu erreichen. Waren wir bislang Meister der *Effizienz*, weil wir die Dinge richtig gemacht haben, so werden wir jetzt Meister der *Effektivität*, weil wir die richtigen Dinge machen.

Schließlich wird die Zeit knapp! Und immer knapper: Es gibt Studien über das subjektive Zeitempfinden, die besagen: *Je älter wir werden, desto schneller vergehen die Jahre.* Jeder, der zum ersten Mal mit dem Auto eine neue Strecke fährt, kennt das *Zeitparadoxon*: Der Hinweg scheint viel länger als der Rückweg. Hin ist alles neu, wir kennen die Schilder nicht, die Straßennamen sagen uns nichts, wir haben Mühe, den inneren Kompass nach jeder Abzweigung wieder einzuordnen. Zurück geht plötzlich alles ganz leicht: Wir erkennen Werbeplakate wieder, die kleine Bäckerei und den Metzger an der Ecke ... Wie im Flug vergeht die Zeit, obwohl der Weg nicht kürzer geworden ist.

> Je älter wir werden,
> desto schneller vergehen die Jahre.

Psychologen haben herausgefunden, dass dies mit den Erlebnissen zu tun hat, die in diesem Zeitraum passieren: Der Hinweg bringt neue Eindrücke – auf dem Rückweg erinnern wir uns bloß noch, es kommt nichts Neues mehr hinzu. Die Folge: Der Weg scheint kürzer. So erklärt es sich auch, warum sich so manche Sekunde ewig hinzieht, während die Jahre nur so dahinzurasen scheinen. Es kommt immer darauf an, was in dieser Zeitspanne passiert.

Der Neurowissenschaftler David Eagleman von der Baylor University in Houston hat dazu ein Experiment gemacht. Freiwillige Studenten – und er selbst – stürzten sich rückwärts von einem Mast in die Tiefe – ohne Seil. Nach etwa 45 Metern wurden sie von einem großen Netz aufgefangen. Obwohl das Ganze sicher war, erlebten die Probanden und ihr Professor vor und während des Sturzes Todesangst. Dabei wurde protokolliert, wie sich dieser extreme Stress auf das Zeitempfinden auswirkte.

Tatsächlich blieb die Zeit im freien Fall für die Probanden gefühlt »stehen«, die Sekunden, die vergingen, empfanden sie als doppelt so lang, wie sie in Wirklichkeit waren. Sie schätzten ihre Flugdauer subjektiv also wesentlich länger ein als die Sprünge der anderen, die sie beobachteten.

Ähnliches passiert, wie Eagleman zeigte, wenn man einer Gruppe von Menschen mehrere Minuten lang Filmausschnitte zeigt, während sich eine andere Gruppe parallel dazu langweilt. Zunächst geben die Gelangweilten an, dass die Zeit sich endlos hingezogen hätte, während diejenigen vor dem Bildschirm die Zeit kaum wahrgenommen haben. Einige Tage später verkehrt sich dieses Phänomen jedoch ins Gegenteil: In der Rückschau sagen die Gelangweilten, sie hätten die Zeit als sehr kurz empfunden, die anderen dagegen haben das Gefühl, sehr viel mehr Zeit mit den bewegten Bildern verbracht zu haben.

Dieses Phänomen nennen die Psychologen das *Zeitparadoxon*. Phasen relativer Ruhe werden als kürzer empfunden, Phasen von Aktivität erscheinen länger. Der Grund dafür liegt offenbar darin, dass unser Gehirn in den aktiven Phasen viel mehr Informationen aufnehmen muss – wie beim Befahren einer neuen Strecke.

Kein Wunder also, *dass die Jahre nur so dahinrasen, wenn wir älter werden:* Es passiert ja wenig Neues. Unsere Routine in so vielen Dingen bewirkt, dass die Zeit gefühlsmäßig wie im Flug vergeht. Kinder dagegen erleben jeden Tag so viel Neues – ihre subjektive Zeit tickt dementsprechend viel langsamer.

Diese Einsicht beinhaltet etwas sehr Spannendes: Denn sie besagt, dass wir eine Chance haben, unsere gefühlte Zeit im Alter wieder strecken und dehnen zu können, indem wir dafür sorgen, viel Neues zu erleben, jeden Tag etwas zu lernen und die ausgetretenen Pfade zu verlassen.

> Kein Wunder also, dass die Jahre nur so dahinrasen, wenn wir älter werden: Es passiert ja wenig Neues.

Wenn das kein Grund ist, wieder mehr Schwung ins Leben zu bringen! Mehr Action bringt mehr Zeit. Worauf warten wir? Mit Action meine ich allerdings nicht blinden Aktionismus: »Never confuse motion with action«, hat der weise Benjamin Franklin gesagt. Statt ein Ort hektischer Betriebsamkeit zu sein, könnte unsere alternde Gesellschaft ein weltweiter Vorreiter werden: eine *wirksame* Gesellschaft.

Plädoyer für eine rostfreie Gesellschaft

Wenn Sie wie schon erwähnt im Internet nach Synonymen für »alt« suchen, finden Sie zwischen den vielen negativ belegten Begriffen auch einige Perlen wie:

> **weise, abgeklärt, langjährig, familiär, verlässlich, vertraut, erprobt, anerkannt, bewährt, etabliert, traditionell, ehrwürdig, souverän**

Wir alle wissen im Grunde, dass Alter nichts Negatives ist. Es ist unsere eigene kulturelle Definition, die über die Betrachtungsweise entscheidet.

Kulturen sind nichts Statisches. Eine *Kultur* repräsentiert die innere Verfassung einer Gruppe von Menschen wie zum Beispiel einer Familie, eines Unternehmens oder einer Gesellschaft. Verkürzt gesagt bringt die Kultur all das hervor, was diese Menschen ausmacht: die Summe ihrer Werte, Einstellungen und Denkweisen. Das bedeutet: In dem Maße, in dem sich die Haltung eines jeden Einzelnen verändert, verändert sich auch die Kultur der Gruppe, in die sie eingebunden sind.

Es ist unsere eigene kulturelle Definition, wie wir das Alter sehen wollen. __

Nicht nur die Einstellungen und Werte eines Menschen können sich im Laufe seines Lebens verändern, sondern auch Kulturen – und zwar manchmal überraschend schnell.

Und genau das geschieht gerade mit unserer Kultur des Umgangs mit dem Alter. Diese Veränderung ist überfällig. Wir haben endlich angefangen, die vielen negativen Mythen über das Alter zu hinterfragen und aufzulösen und finden eine neue Haltung, die deutlich positiver, entspannter, integrativer und produktiver ist. Alte Menschen gehören heute nicht mehr zum alten Eisen. Sie sind Edelstahl und als wichtige Stützen für unsere Gesellschaft unverzichtbar.

Wir alle wollen, dass alte Menschen nicht aufs Altenteil abgeschoben werden, sondern so lange wie möglich einen aktiven Beitrag leisten und ihre Qualitäten einbringen – in gesellschaftlichen Gremien, in der medialen Öffentlichkeit, in den Familien und vor allem auch in der Wirtschaft.

Allerdings gehören dazu zwei: Die *Jungen*, die die Alten dabeihaben wollen. Und die *Alten*, die sich weiterhin aktiv einmischen und sich nicht zurückziehen. Der integrale Effekt dieses neuen Pakts der Generationen wird großartig sein!

Kompakt:

Alt sein ist noch zu stark negativ belegt.
Dabei ist der Kampf um die ewige Jugend
zum Scheitern verurteilt,
denn das Alter gewinnt sowieso.

Pro-Aging statt Anti-Aging:
Altwerden ist ein Ziel, das schön
und erstrebenswert ist!

Im Alter wandeln sich unsere Werte:
Unser Blick geht weg vom rein Materiellen,
wird ganzheitlich-spirituell.

Die Reife und Umsicht der Älteren
schafft den optimalen Rahmen für
die Energie und Tatkraft der Jüngeren –
wie schon bei Mannesmann und Söhnen.

Wenn unsere Existenz gesichert ist,
werden unsere Entscheidungen mutiger
und authentischer. Freiheit und
Souveränität sind die Folge.

Die neue Definition von Erfolg lautet:
Zeit für andere einsetzen.
Wirksamkeit statt Aktionismus.

Kapitel 7:
Kostbare Schätze

So weit, so gut. Wir werden also drei wesentliche *Aspekte des Alterns* verändern:

- Erstens werden wir eine ganz neue, individuelle und persönliche Haltung zu unserem eigenen Alter einnehmen: ein neues Selbstverständnis, das insbesondere aus dem passiven Ruhestand einen *aktiven Unruhestand* machen wird.
- Wir werden zweitens auch die *Systeme unserer Gesellschaft*, insbesondere die Geldflüsse in Wirtschaft und Gesellschaft verändern und sie *altersgerecht* machen, was eine ganz andere Art von Produktivität in den Vordergrund bringen wird, als wir es bisher gewohnt waren.
- Und wir werden drittens eine *neue Kultur des Altseins* entwickeln, weil sich die innere Verfassung unserer Gesellschaft und insbesondere die kollektive Perspektive auf die gesamte Lebenszeit und ihre einzelnen Abschnitte verändern werden. Das wird und uns helfen, die »Höher – Schneller – Weiter!«-Ära der letzten Jahrzehnte zu überwinden.

Von diesen drei Weissagungen handeln die drei vorangegangenen Kapitel.

Aber das ist noch nicht alles. Auch auf der individuellen Verhaltensebene werden wir Veränderungen sehen: im Tun und Lassen. Das ist nur logisch. Denn wenn sich die Einstellung zur Alterszeit sowohl beim Einzelnen als auch in der Gesellschaft ändert, entwickeln sich dementsprechend die wirtschaftlichen und gesellschaftlichen Systeme, und dann tun die alten Menschen zwangsläufig etwas anderes im Alltag. Die Frage ist nur: Was genau wird anders? Und was bewirkt es?

Wespennest

Der bekannteste deutsche Philosoph in Deutschland heißt nicht Martin Heidegger, Friedrich Nietzsche oder gar Immanuel Kant, sondern *Richard David Precht*. Zumindest in diesen Tagen und wohl noch für eine gewisse Zeit. Nämlich genauso lange, wie seine Bestseller aktuell sind und er regelmäßig in den Talkshows der Fernsehrepublik sitzt und redet.

Precht hat gegenüber den anderen Geistesgrößen schließlich einen immensen Vorteil: Er ist noch am Leben. Darum kann er im Gegensatz zu Heidegger, Nietzsche oder Kant überhaupt in einer Talkshow sitzen, Neuerscheinungen auf den Buchmarkt werfen und mit seinen Äußerungen auf das aktuelle Zeitgeschehen eingehen. Schade eigentlich, dass die anderen drei das nicht mehr können ...

Diesen Vorteil nutzt Precht geschickt. Ich will den philosophischen Gehalt seiner Ideen nicht kommentieren, das steht mir nicht zu, schon gar nicht würde ich sein Werk mit denen der genannten Philosophen aus den letzten drei Jahrhunderten vergleichen. Aber was mir besonders gut gefällt an seinem Auftreten ist der Mut, die Öffentlichkeit nicht nur aufzuklären und an seinem Wissen teilhaben zu lassen, wie das viele andere Experten tun, sondern eigene Meinungen, Thesen und Standpunkte zu vertreten. Das macht ihn ja überhaupt erst zu einem Bestsellerautor und beliebten Talkgast. Der Nebeneffekt dabei ist, dass er mit seinen Positionen natürlich auch polarisiert. Da ich ein sehr harmoniebedürftiger Mensch bin und mich reichlich unwohl fühlte, würde ich selbst so auftreten, bewundere ich seine Chuzpe, mit der er argumentiert und seine Ideen verbreitet. Dass er dafür immer mal wieder öffentlich abgewatscht wird, nimmt er billigend in Kauf.

Im Winter 2011 hat Richard David Precht ein paar ordentliche Watschen kassiert. Und zwar am Tag nach seinem Auftritt bei Anne Will. In dieser Sendung stellte er eine für viele Menschen unglaubliche Forderung auf: *ein soziales Pflichtjahr für Senioren!*

Zuvor hatte er schon im *Stern* dazu Stellung bezogen: »Die Generation, die jetzt in Rente geht, die goldene, die eine beispiellose Wirtschaftsprogression erlebt hat und vom Krieg verschont wurde, muss in die Pflicht genommen werden.«

Die Rentner in die Pflicht nehmen, allein schon diese Formulierung ist ja bereits ein Tabubruch, denn der Konsens in der Gesellschaft ist zweifellos, dass sich Rentner vor allem anderen erst mal Rechte erworben haben, und zwar nicht nur durch arbeitsreiche Jahrzehnte, sondern auch durch das Abführen ihrer Beiträge in die Rentenkasse.

Da hatte wohl einer in ein Wespennest gestochen.

Papier ist in unserer Gesellschaft vergleichsweise geduldig. So richtig hochkochen werden die Emotionen immer nur dann, wenn Tabus persönlich und im Fernsehen – und damit in (fast) allen Wohnzimmern der Republik – angerührt werden. Da sich das öffentlich-rechtliche Fernsehen im Gegensatz zu Büchern oder Zeitschriften per staatlicher Zwangsabgabe finanziert, hat es einen ganz anderen öffentlichen Status und damit eine andere Wirkung als die Printmedien. Als Precht im Talk bei Anne Will nun an dieser privilegierten Stelle die These vertrat, dass jeder Rentner 15 Stunden pro Woche »ehrenamtlich« arbeiten und andernfalls die Rente gekürzt bekommen sollte, kochten die Emotionen im Land über. Durch alle Gesellschaftsschichten, Parteien und Institutionen hagelte es deutliche Gegenstimmen. In Deutschlands reichweitestärkster Boulevardzeitung *Bild* wurde Precht am nächsten Tag in einem ätzenden Kommentar direkt angesprochen: »Sie geschniegelter, hübscher Klugscheißer-Philosoph, glaube ich, haben niemals gearbeitet. Sie sind Bestseller-Millionär. Sie sind reich. Sie haben keine Ahnung, wie es Rentnern geht.«

Da hatte wohl einer in ein Wespennest gestochen. Wenn jemand einfach nur Unsinn erzählt, löst das nicht so einen Sturm der Entrüstung aus. Was Precht mit seiner Provokation geschafft hat: Deutschland diskutierte. Und das hat mir gefallen. Ich finde den Vorgang interessant genug, um genauer hinzuschauen.

Die verdiente Pflicht

Zunächst: Welche Art von Arbeit meinte Precht überhaupt? Einige Beispiele standen im Raum: junge Menschen coachen, Kindern mit Migrationshintergrund Deutsch beibringen, andere Senioren betreuen und denjenigen, die beispielsweise nicht mehr gut sehen, die Zeitung vorlesen. Das genügt, um sich eine Vorstellung zu machen.

Für solche Tätigkeiten bekommt man in unserer Gesellschaft kein Geld, sie nehmen also erst mal niemandem die Arbeit weg, der davon leben muss. Des Weiteren haben diese Aufgaben einen integrativen Charakter: Sie verbinden die Menschen miteinander, insbesondere kommen sich alte und junge Menschen näher, die ansonsten wenig bis nichts miteinander zu tun haben. Und wenn sich ältere Menschen gegenseitig helfen, würde das bedeuten, dass die Menschen, die am meisten zur Vereinzelung oder gar Vereinsamung neigen, wieder zusammenrücken. Und hier gibt es wahrlich einen Bedarf nach Überwindung der Gräben zwischen verschiedenen gesellschaftlichen Gruppierungen. Die positive Absicht hinter der Idee ist also, die Menschen zu verbinden. Precht wollte nicht spalten, sondern das genaue Gegenteil bewirken. Warum spaltete er die Nation trotzdem so heftig? Was ist der wunde Punkt, an den er rührte?

Einen Hinweis gibt mein Redner- und Autorenkollege *Bernd Klöckner*, der einer der wenigen Unterstützer des Popphilosophen ist: »Die Leute können nicht davon ausgehen, dass sich Arbeit so sehr lohnt, dass sie sich anschließend 20 bis 25 Jahre darauf ausruhen können.«

Hier liegt eine Wahrheit: Das Geld, das die kommende Rentnergeneration während ihrer Lebensarbeitszeit volkswirtschaftlich aufbrachte und zur Vorsorge abführte, wird nicht reichen, einen so langen Lebensabend, wie er heute üblich ist, zu finanzieren. Die ganze Sache rechnet sich nicht, wie ich im ersten Teil dieses Buches gezeigt habe. Es gibt also schon allein eine wirtschaftlich Notwendigkeit, dass die über 65-Jährigen künftig weiter zur Wertschöpfung beitragen – ob nun durch einen späteren Renteneintritt, durch Zuverdienst neben der Rente oder durch eine gesellschaftliche Lösung wie ein Pflichtjahr mit unentgeltlicher Arbeit. Die Rente muss gesamtgesellschaftlich gegenfinanziert werden, denn die junge Generation ist damit schon rein zahlenmäßig überfordert.

> **Entweder es ist eine Ehre, oder es ist Zwangsarbeit – beides auf einmal geht nicht.**

Der Bedarf für einen gesellschaftlichen Beitrag der Senioren ist demnach unabweisbar vorhanden. Wer behauptet, dass derjenige, der bis 65 in die Rentenkasse einzahlt, damit zugleich das Recht erwirbt, bis zum Lebensende voll versorgt zu werden, stellt eine verständliche, allerdings quantitativ überzogene Forderung auf. Das ist nun mal Fakt und leicht nachrechenbar.

Aber heißt das auch, dass man die Rentner zur Arbeit zwingen muss – unter Androhung einer Rentenkürzung? Ein *soziales Pflichtjahr mit ehrenamtlichen Tätigkeiten* ist doch ein Widerspruch in sich. Ein Ehrenamt wird ja erst durch die Freiwilligkeit zu einer Ehre. Die Motivation zu solchen Tätigkeiten entspringt zuallererst aus dem persönlichen Wunsch, von sich aus einen positiven Beitrag leisten zu wollen. Die häufigste Formulierung ist dann: »Ich will etwas zurückgeben.«

»Auch ehrenamtlich?«

Diese Haltung beinhaltet eine große Würde, die durch den Zwang mit einem Schlag vernichtet wäre. Es gibt schlichtweg kein »ehrenamtliches Pflichtjahr«! Entweder ist es eine Ehre, oder es ist Zwangsarbeit – beides auf einmal geht nicht.

Nun könnte man einwenden, dass die Zivildienstleistenden bis vor Kurzem einen sozialen Beitrag leisten mussten – ganz ohne Freiwilligkeit und ohne Ehrenamt. Und mit diesem Modell haben wir sehr gute Erfahrungen gemacht. Es funktionierte, und man kann den Zivildienstleistenden beileibe nicht die Würde absprechen. Doch diese Würde des Dienens speist sich aus einem ganz anderen Umstand: Wer als junger Mensch die Segnungen einer prosperierenden Wirtschaft und eines funktionierenden Bildungswesens nutzen möchte, findet einen fruchtbaren Boden vor, den die Generationen der Eltern, Großeltern beziehungsweise Urgroßeltern bereitet haben. Das ist keine Selbstverständlichkeit, sondern erfordert etwas Demut.

Alte Menschen zum Dienen zu verpflichten halte ich für widersinnig.

Oder anders ausgedrückt: Es ist legitim, als junger Mensch den Älteren eine Ehre zu erweisen, weil sie mit ihrer Hände Arbeit etwas aufgebaut oder erhalten haben, was man nun selbst nutzen kann. Aus diesem Grund fand ich insbesondere jene Zivildienststellen eine wunderbare Sache, bei denen junge Menschen beispielsweise in der ambulanten Altenpflege den Senioren beim Ankleiden, beim Waschen, beim Toilettengang, bei der Medikamenteneinnahme oder beim Essen halfen. Ich bin davon überzeugt, dass es richtig ist, wenn die Jungen erst mal dienen lernen, bevor sie sich in eine Richtung weiterentwickeln, um irgendwann auch mal führen und bestimmen zu können.

Aber: Alte Menschen zum Dienen zu verpflichten halte ich für widersinnig, geradezu unnatürlich. Es entspricht nicht der informellen Hierarchie einer sozialen Gruppe, dass die Alten sich vor den Jungen verneigen. Umgekehrt wird ein Schuh daraus. Wie verkehrt das Denken von Richard David Precht in Bezug auf das soziale Pflichtjahr für Rentner ist, wurde mir erst nach einigem Nachdenken aufgrund der Aussage klar, dass die ältere Generation deshalb »in die Pflicht genommen« werden müsse, weil sie »eine beispiellose Wirtschaftsprogression erlebt hat und vom Krieg verschont wurde«.

Bitte entschuldigen Sie, lieber Kollege Precht: Meine Generation und die Generation vor meiner hat die beispiellose Wirtschaftsprogression nicht »erlebt«, sondern gemacht! Sie ist nicht vom Krieg verschont geblieben, sondern hat den Frieden erhalten! Das Leben ist uns nicht passiert, wir haben es gestaltet. Und wenn das, was wir gestaltet haben, jetzt gut ist – wenn wir alle, auch Sie und die jüngeren Generationen, nun Frieden und Wohlstand genießen dürfen, dann ist das kein Umstand, der uns zu einer Wiedergutmachung verpflichtet. Hier ist keine Schuld entstanden!

Freiwillig gezwungen

Neben allen Wahrheiten und Notwendigkeiten, neben allen legitimen Überlegungen aus Sorge um unsere gesellschaftliche Zukunft, enthält der Vorschlag eines sozialen Pflichtjahrs für Senioren darum zudem eine große Respektlosigkeit.

Außerdem bin ich ein freiheitsliebender Mensch. Unabhängigkeit und Selbstbestimmung sind ein hohes Gut – auch weil mir mittlerweile klar wurde, dass Fremdbestimmung bei der Arbeit die Menschen krank macht und eine der wesentlichen Ursachen für die Volkskrankheit Burn-out ist. Alle staatlichen Zwänge und Reglementierungen sind mir zuwider, von der schizophrenen Praxisgebühr bis zur Zwangsbeglückung durch eine per GEZ und GEMA volksfinanzierte Staatskultur. Alles, was in die Autonomie des Menschen eingreift, geht mir grundsätzlich gegen den Strich.

Ich bin ein freiheitsliebender Mensch.

Gleichzeitig bin ich jedoch kein Radikaler, ich neige immer zum Abwägen: Wie viel Zwang, wie viel Reglementierung ist tatsächlich notwendig, um Missstände zu verhindern? Ich finde beispielsweise die Staatsquote und in der Folge die Steuern und Abgaben für die Leistungsträger der Gesellschaft viel zu hoch, ja unanständig hoch, aber trotzdem halte ich Steuerflucht, Steuerhinterziehung oder Schwarzarbeit für schädlich und befürworte deren Verhinderung. Es ist nicht alles schwarz oder weiß, auf die richtigen Farben dazwischen kommt es an.

Wenn ich mit dieser Haltung auf den schlichtweg vorhandenen Bedarf blicke, den ältere Menschen gesellschaftlich leisten sollen, dann kommt mir die Situation vor wie der überfüllte ICE, in dem ich einmal in Richtung Würzburg steckte: Der Zug war nicht voll, er war auch nicht sehr voll, nein, er war rappelvoll. Ich war eingekeilt zwischen hektischen, schwitzenden, aufgeregten Menschen in Mänteln und mit Gepäck und wollte nur noch nach Hause. Der Zug konnte aber nicht losfahren, weil er so voll war, dass ein sicherer Fahrbetrieb nicht mehr gewährleistet war. Was tun? Die Zugbegleiter hatten weitere Fahrgäste, die zusteigen

wollten, bereits auf dem Bahnsteig daran gehindert. Wie Türsteher vor der Disco standen sie breitbeinig vor den offenen Türen. Drinnen hörten wir eine Durchsage, die die ungeduldigen, genervten Zuggäste aufforderte, dass ein Teil von ihnen den Zug verlassen müsse, um endlich losfahren zu können. Die Reaktion auf einen solchen Appell ist klar: Jeder bleibt, wo er ist, weil alle denken: Sollen doch die anderen aussteigen, ich tu das nicht. Es ist mir lieber, dass keiner etwas davon hat, als wenn einige profitieren und ich zu den Dummen gehöre, die leer ausgehen. Die Folge: Keiner kommt an.

So ähnlich verhält es sich auch beim sozialen Jahr für Senioren: Es gibt so viele Bereiche, wo Ältere etwas Sinnvolles tun und einen wertvollen Beitrag leisten könnten. Wunderbar. Das sollen die Älteren ruhig machen, es wäre gut für uns alle, ich sehe das ein. Ja, sollen sie ein Ehrenamt übernehmen – aber ich nicht! So wettert der 75-jährige Helmut G. aus Wuppertal gegen Prechts Vorstoß öffentlich in der *Bild*: »Das ist totaler Unsinn. Ich hab 46 Jahre auf dem Bau gearbeitet und meinen Beitrag geleistet!«

Beitrag geleistet, Pflicht erfüllt, jetzt sollen die anderen zahlen. Diese Haltung ist so normal wie schädlich. Ist also doch etwas Zwang notwendig? Precht argumentiert, dass viele ältere Menschen ja durchaus noch etwas leisten wollen, sich aber oft nicht trauten und keine wirkliche Gelegenheit dazu hätten. Ein Arbeitszwang könnte diese Hemmschwelle überwinden – und anschließend würden sicher viele der Rentner freiwillig weitermachen ...

Müssen wir wirklich zum Glück gezwungen werden? Ich glaube das nicht.

Land der Mentoren

Ich glaube etwas ganz anderes. Wissen Sie, was in dem überfüllten ICE stattdessen hätte passieren können? Ich spinne die Szene einmal weiter: Der Zugbegleiter hat schon zum zweiten Mal per Durchsage einen Teil der Fahrgäste zum Verlassen des Zuges aufgefordert und an die Vernunft aller appelliert. Die Leute drängeln sich und murren, die Frustration wird immer größer, der Stresspegel steigt. Plötzlich schiebt sich einer der Fahrgäste, ein freundlicher älterer Herr um die 70, zum verzweifelten Zugbegleiter vor. Ruhig und bestimmt nimmt er dem Angestellten, dem die Schweißperlen auf der Stirn stehen, das Mikrofon aus der Hand, klopft ihm auf die Schulter und sagt: »Guten Tag, ich bitte um eine Minute Ihrer wertvollen Zeit. Ich bin wie Sie Fahrgast in diesem Zug und wollte eigentlich möglichst früh nach Hause kommen. Aber wissen Sie was? Ich habe es in Wahrheit gar nicht so eilig.«

Im Zug wird es leiser, das Stimmengewirr ebbt ab, die Leute hören ihm zu.

Der Mann fährt fort: »Schauen Sie, ich bin seit einigen Jahren in Rente, und das hat mir einen riesigen Vorteil gegenüber vielen von Ihnen verschafft: Ich kann wesentlich freier über meine Zeit verfügen. Darum habe ich mich gerade entschieden, noch das Museum am Dom zu besuchen, etwas zu essen und dann erst einen Zug zu nehmen. Also, ich weiß nicht, wie Sie es halten, aber ich gehe jetzt hier raus. Ich wünsche Ihnen eine gute Reise!«

Der Mann nickt dem verblüfften Zugbegleiter freundlich zu und gibt ihm das Mikrofon zurück. Dann drückt er sich bis zur offenen Tür durch und steigt erleichtert aus. Während er am Zug entlang auf dem Bahnsteig Richtung Bahnhofsausgang geht, verlassen durch alle offenen Türen weitere Menschen den Zug, und zwar junge und alte gleichermaßen. Interessanterweise lächeln alle, sie scherzen sogar miteinander. Noch während diese entspannte Gruppe auf dem Bahnsteig entlanggeht, schließen sich endlich die Türen des ICE, und er fährt ab. Eine ältere Dame und ein älterer Herr sowie ein junges Pärchen folgen dem Mann, der als Erster ausgestiegen ist, um gemeinsam das Museum am Dom zu besuchen.

> Also, ich weiß nicht, wie Sie es halten, aber ich gehe jetzt hier raus.

MUSEUM AM DOM

Natürlich klingt diese Geschichte ziemlich idealistisch. Aber sie könnte, das müssen Sie zugeben, durchaus realistisch sein. Denn wir alle wissen, dass Menschen über das vernünftige Handeln von Vorbildern viel besser beeinflussbar sind als durch die Anwendung von Zwangsmaßnahmen im Namen der Vernunft. Und genau für diese Vorbildrolle brauchen wir unter anderem ältere Menschen. Denn sie sind aufgrund ihrer Lebenserfahrung, ihrer Seniorität und ihrer Zeitsouveränität in der Lage, anderen ein Beispiel zu geben – dem diese dann freiwillig folgen. Menschen lernen moralisches Handeln nun mal nur durch positive Vorbilder, nicht durch Moralpredigten.

Weil sich unsere Perspektive auf das Alter verändern wird, bin ich davon überzeugt, dass sich ältere Menschen ganz automatisch und freiwillig in vier großen Rollen verstärkt als Vorbilder engagieren werden: als Mentor, als Senator, als Tutor und als Kurator.

Zuerst zu den *Mentoren*: Sie öffnen den jüngeren, weniger versierten Mentees die Türen und setzen sich mit ihrer Erfahrung und Weitsicht für sie ein. Ich war in der German Speakers Association, der zweitgrößten Rednervereinigung der Welt, zweimal ein Jahr lang Mentor, darum kenne ich die Art dieser Beziehung gut. Das Wichtigste daran scheint mir, dass Mentoren keineswegs Berater oder Coaches sind. Nicht die detaillierte, zielorientierte Prozessbegleitung ist ihre Aufgabe, Mentoren agieren eine Ebene darüber: Sie geben ihren Schützlingen zwar auch Tipps und Hinweise und beantworten konkrete Fragen, allerdings immer das Große und Ganze betreffend. Sie lassen außerdem ihre Kontakte spielen und bringen die Mentees mit den richtigen Leuten zusammen. Ihre Funktion ist eher die eines Katalysators.

Das bedeutet, dass diese Arbeit nicht sehr zeitaufwendig ist. Im Mentorenprogramm der GSA beispielsweise sehen sich Mentor und Mentee ungefähr einmal im Quartal – das genügt. Wichtig ist auch, dass der Mentor bereit ist, von seinen persönlichen Erfahrungen ausführlich zu berichten. Und das heißt nichts anderes, als Geschichten zu erzählen beziehungsweise aus dem Nähkästchen zu plaudern.

Der Effekt: Die so Betreuten fühlen sich vor allem viel sicherer. Oft tun sie gar nichts anderes, als sie ohnehin getan hätten, nur tun sie es mit der Gewissheit, dass einer, der schon dort ist, wo sie erst noch hinwollen, über allem wacht und sicherstellt, dass sie nicht in die falsche Richtung laufen. Da sie aber alles selbst machen, weil ihnen der Mentor nichts abnimmt, erreichen sie auch ihre Ziele selbst – und spüren die entsprechende Aufbauwirkung im Selbstvertrauen.

Am Ende eines solchen Mentoringzyklus sind meiner Erfahrung nach zwei Gefühle bei den Mentees besonders groß: Stolz und Dankbarkeit – Stolz auf sich selbst, weil sie ein paar große Schritte vorangekommen sind, oftmals deutlich mehr, als sie zu Beginn selbst gedacht hatten; und Dankbarkeit für den Mentor, verbunden mit dem Gefühl, es durch seinen Rückhalt viel leichter gehabt zu haben.

Und die Mentoren erfahren eine große Befriedigung dadurch, als erfahrener Weiser geschätzt zu werden – als einer, dem ein Jüngerer Löcher in den Bauch fragt, weil er etwas von seinem Mentor und von keinem anderen wissen will. Gebraucht zu werden ist ein schönes Gefühl und eine geistige Erfrischung. Außerdem natürlich eine große Verantwortung sowie eine Herausforderung, weil man sich ganz auf den Mentee einlassen und in der Lage sein muss, sich in ihn hineinzuversetzen. Aber am Ende ist der Erfolg des Mentees die größte Erfüllung für den Mentor.

> **Ich empfand meinen Mentor nicht als Wegbegleiter, sondern als Wegweiser.**

Ich selbst war zu Beginn meiner Karriere auch einmal in der Rolle des Mentees. Ein Professor der Fachhochschule hatte mich ganz informell unter seine Fittiche genommen. Irgendwie war er wohl ein Fan von mir. Er ließ mich damals in einem Personalvermittlungsseminar bei einem großen Versandhaus hospitieren. Was da in der realen Wirtschaft hinter den verschlossenen Türen passierte, war für mich neu und sensationell aufregend: Gruppendynamik! Prozessorientiertes Führen und Moderieren, fast schon Organisationsentwicklung!

Da war mir plötzlich klar: Das ist es! So etwas möchte ich auch können! Und damit war die Grundrichtung für meine berufliche Entwicklung festgelegt: Ich wollte in die Weiterbildung in der freien Wirtschaft. Mein Professor hielt weiter den Kontakt mit mir, einige Male pro Jahr. Immer wieder gab er mir wichtige Hinweise, beispielsweise den Tipp, mich mit der Engpasskonzentrierten Strategie (EKS) von Wolfgang Mewes zu beschäftigen – für mich ein Durchbruch.

Ich empfand meinen Mentor nicht als Wegbegleiter, sondern als Wegweiser. Er blieb im Hintergrund und entfaltete von da aus seine große Wirkung. Mein Gefühl war: Da ist jemand, der dich gut kennt und schätzt und es gut mit dir meint. Er war damals mein Leuchtturm, einer der mir zeigte, wo es langgeht – ohne dass er viel dafür tat.

Eine solche Rolle ist vor allem im beruflichen Umfeld – ob formell oder informell, ob von einer Firma oder einem Verband initiiert oder ganz auf eigene Faust – eine sehr gute Möglichkeit für ältere Menschen, um ihr Wissen und ihre Erfahrung weiterzugeben, um Gutes zu tun, gebraucht zu werden und die verdiente Wertschätzung zu erhalten. Eine Win-win-Situation, die heutzutage noch viel zu selten genutzt wird.

Ein grandioses Vorbild für diese Art von Vorbild ist für mich übrigens Bill Clinton. Ich fand es schlicht überragend, wie er sich 2012 mit seiner fulminanten Rede auf dem Nominierungsparteitag für die zweite Kandidatur von Barack Obama, seinem jüngeren Nachfolger im Präsidentenamt, starkmachte und ihm mit seiner ganzen Erfahrung und Souveränität die Türen beim Wahlvolk öffnete. Dabei gab er kurz zuvor in einem Interview freimütig und ehrlich zu, dass er und Obama keineswegs enge Freunde seien, Obama aber wisse, dass er ihn unterstütze. Eine typische Mentorenposition.

Land der Senatoren

Nach zwei Jahren intensiver Arbeit im Amt des Präsidenten der German Speakers Association hielt ich 2011 bei der Jahresversammlung in München meine Abschiedsrede, mit der ich die Präsidentschaft an meine Nachfolgerin übergab. Ich ließ »My Way« von Frank Sinatra spielen.

Als die ersten Takte im Raum erklangen und Frankie seine wunderbare Stimme erhob, wurden mir dann doch die Knie weich.

»And now, the end is near, and so I face the final curtain ...«

Langsam trat ich auf die Bühne, vor mir im Ballsaal saßen 600 Menschen, von denen ich die meisten kannte und deren Präsident ich zwei Jahre gewesen war. Und dann erhoben sich nach und nach alle im Saal und applaudierten mir.

»... and more, much more than this, I did it my way ...«

Der Beifall wollte nicht enden, fast zwei Minuten bekam ich Standing Ovations. Ich war gerührt, das war ein sehr emotionaler Moment für mich. Eigentlich war mit dem Ende des Songs und meinem Dank an die GSA-Mitglieder bereits alles gesagt. Meine höchsten Erwartungen an dieses Amt, das ich übernommen hatte, hatten sich erfüllt. Zu Beginn war ich oft am Zweifeln, warum ich mir diese Verantwortung, diesen riesigen Zeitaufwand, diese Herausforderung überhaupt angetan hatte. Jetzt wusste ich es. Es war eine der besten Entscheidungen meines Lebens gewesen. Zwei, eher drei Jahre voll harter, manchmal nerviger, oft anstrengender Arbeit waren vollbracht und lösten sich in dieser warmen Dusche der Emotionen auf. Dann kamen Rufe: »President forever!« Das war schon sehr bewegend.

Der Beifall wollte nicht enden, fast zwei Minuten bekam ich Standing Ovations.

Wodurch hatte ich mir diese große Anerkennung meiner geschätzten Redner- und Trainerkollegen verdient? Die Antwort ist: Weil ich mich ganz nach vorne getraut habe. Präsident heißt nichts anderes als Vorsitzender. Dazu gehört aber auch, dass man sich vorne hinsetzt. Und da vorne ist der angreifbarste, ungeschützteste Posten. Als Vorsitzender einer Organisation, als oberster Amtsträger steht man unter permanenter Beobachtung, man vertritt die Interessen aller und wird an dem Anspruch gemessen, am Ende allen gedient und genutzt zu haben. Das ist eine enorme Bürde – verbunden mit einer enormen Würde.

So ein Amt kann nur ausfüllen, wer über Berufserfahrung, Lebenserfahrung und Selbstvertrauen verfügt. Es braucht eine gewisse Seniorität, denn ansonsten wirkt man spaltend und polarisierend statt versöhnend und integrierend. Darum sind ältere Menschen grundsätzlich prädestiniert für Ämter und Posten.

Unsere Gesellschaft hält eine Fülle von *Ämtern* bereit, ob in Vereinen, in Verbänden, in den Industrie- und Handelskammern, in Stiftungen, in Aufsichtsräten, in der Politik, in der Verwaltung, in der Wirtschaft – überall gibt es Ämter, die nur darauf warten, nicht bloß besetzt und verwaltet, sondern genutzt und gestaltet zu werden.

(Quelle: Statistisches Bundesamt und eine Studie der Bertelsmann- und der Thyssen-Stiftung)

1960: rund 80.000   2010: rund 580.000

»In den letzten 50 Jahren hat sich die Zahl der Vereine versiebenfacht - und damit auch die Zahl der Ehrenämter im Verein.«

Anstatt nach dem aktiven Berufsleben abzudanken, werden immer mehr ältere Menschen ganz selbstverständlich daran denken, sich einen Posten zu suchen, auf dem sie dank ihrer Erfahrung etwas bewirken können. Sie werden sich darauf vorbereiten, sich aufstellen und wählen lassen und dann das Beste geben. Es muss ja nicht unbedingt gleich das Präsidentenamt sein.

Zu allen Zeiten und in allen Völkern gab es *Ältestenräte*. Die Indianer kannten einen Stammesrat, der sich aus den erfahrenen Alten zusammensetzte. Die Kelten hatten die Druiden, die Spartaner die Gerusia, die Athener den Aeropag und die Römer den Senat. In diesen ehrenvollen Gremien konnte nur sitzen, wer alt und erfahren genug war, um sich die Anerkennung der handelnden gesellschaftlichen Kräfte verdient zu haben. Oftmals waren die Mitglieder ehemalige Beamte oder Angehörige der Adelsschicht, denen das tägliche Geschäft zu anstrengend geworden war. Für den spartanischen Gerusia war sogar ein Mindestalter von 60 Jahren vorgeschrieben.

> **Warum wir Ältestenräte brauchen, ergibt sich unmittelbar aus der Antwort auf die Frage, warum es keine Jüngstenräte gibt.**

Warum braucht es Ältestenräte? Weil jene Weisheit, Abgeklärtheit, Weitsicht und Gerechtigkeit gebraucht werden, über die Heißsporne und junge Macher, die zumeist die operativen Posten besetzen, oft noch nicht verfügen. Ältestenräte balancieren Gesellschaften und Organisationen aus, sie wirken integrierend, vernünftig, nachhaltig.

Wir haben in unserer Gesellschaft zu wenige Ältestenräte. Ich bin aber davon überzeugt, dass sich in Zukunft sowohl in der Wirtschaft als auch auf gesellschaftlicher Ebene immer mehr Senate, Beiräte und Ehrenräte bilden werden, denn dies ist eine gute und sinnvolle Form, um die besonderen Ressourcen der immer zahlreicheren Alten in unserem Land zu nutzen: die Gelassenheit und Distanz, die Souveränität und Autorität, die ihr Alter mit sich bringt.

Warum wir Ältestenräte brauchen, ergibt sich unmittelbar aus der Antwort auf die Frage, warum es keine Jüngstenräte gibt: Um guten Rat zu geben, braucht es nun mal gelebte Jahre.

Land der Tutoren

Anstatt auf stur zu schalten, können Menschen im Alter auch exzellente Tutoren, Berater und Coaches werden, um den Jüngeren zum Erfolg zu verhelfen. Ich empfinde die Beraterrolle als die ganz natürliche für ältere Experten. Wer aufgrund seiner Kompetenzen, seiner Erfahrung und seinem Wissen sehr gut in einem speziellen Feld, aber vielleicht nicht mehr fit und energiegeladen genug ist, um selbst noch im Feuer zu stehen, für den ist diese Rolle prädestiniert. Er ist dann so etwas wie ein alter grauer Wolf, der al-

lein von der Körperkraft her schon längst nicht mehr die Nummer eins im Rudel wäre, aber aufgrund seiner Klugheit, seiner Kenntnisse und seiner Führungsfähigkeit trotzdem nach wie vor der Alpha im Rudel ist.

Im Gegensatz zum Mentor, der wie gesagt eher wie ein Katalysator wirkt, oder zum Senator, der Kraft seines Amtes über Einfluss verfügt, muss ein Tutor, Berater oder Coach keine konkreten Führungsqualitäten aufweisen. Nur der ist Führer, dem andere freiwillig folgen. Und die Menschen folgen lediglich demjenigen gern, der über natürliche Autorität und Charisma, also über eine reife Persönlichkeit verfügt. Das gilt eher für ältere Menschen als für jüngere.

Es gibt mittlerweile sogar professionelle Netzwerke, die ehemaligen Profis in bestimmten Berufsgruppen helfen, ein neues

Wirkungsfeld zu finden. Der Senior Experten Service (SES), die Stiftung der Deutschen Wirtschaft für internationale Zusammenarbeit, ist eine gemeinnützige Gesellschaft, die es »interessierten Menschen im Ruhestand ermöglicht, ihre Kenntnisse und ihr Wissen an andere weiterzugeben« – in Deutschland wie im Ausland.

Verblüffenderweise haben sich diesem in der Öffentlichkeit bislang kaum beachteten Netzwerk bereits über 10.000 Experten angeschlossen, die lieber auf Reisen gehen und jungen Mitarbeitern in Unternehmen bis zu sechs Monate lang mit Rat, Unterstützung und Hilfe zur Selbsthilfe beistehen, als zu Hause auf der Couch vor dem Fernseher zu sitzen. Natürlich geht es ihnen dabei nicht ums Geld – die Firmen, zumeist mittelständische Unternehmen, bezahlen die Unterkunft, die Verpflegung, den örtlichen Transport und die Reisekosten des Seniorexperten sowie eine Tagespauschale von 15 Euro.

Seit 1983 hat die Organisation fast 30.000 Einsätze in mehr als 160 Ländern durchgeführt. Die Berater haben ein Durchschnittsalter von 67 Jahren und kommen aus rund 50 Branchen. Sie sollen vor allem über zwei Kompetenzen verfügen: langjährige Berufs- und Lebenserfahrung. Da reist dann beispielsweise der Betonexperte Jürgen Mittenzwei nach Kambodscha, um dem Personal eines Unternehmens vor Ort beizubringen, wie man Fundamente, Gruben und Pumpenschächte aus Beton herstellt, um Kläranlagen bauen zu können. Oder der Chemotechniker Detlef Czerwinske reist nach Brasilien, um den Mitarbeitern eines Reinigungsmittelherstellers zu zeigen, wie man die giftigen Tenside durch verträgliche und abbaubare Stoffe aus nachwachsenden Rohstoffen ersetzen kann. Die vielen Beispiele sind beeindruckend.

Und warum machen die Senioren das überhaupt? Die Antwort ist einfach: Sie empfinden große Freude dabei, ihr Wissen zum Nutzen anderer weiterzugeben. Und im Gegenzug sammeln sie selbst neue Erfahrungen, bleiben auf Zack und schließen Freundschaften in der ganzen Welt.

Ich bin sicher, dass es in Zukunft immer mehr Unternehmen und öffentliche Organisationen geben wird, die auf Zeit ältere Menschen ins Haus holen, um von deren Erfahrung zu profitieren – und gleichzeitig wird es immer mehr ältere Experten geben, die solche Beratungs- und Anleitungsaufgaben mit Freude ausfüllen. Beide Seiten müssen nur noch mehr entdecken, wie groß der gegenseitige Bedarf ist.

Das Märchen von der Erstarrung

Bei all diesen Möglichkeiten, im Alter in verschiedenen Rollen als Vorbild zu wirken, kommt schnell und reflexartig ein Einwand: Ist es nicht wahnsinnig schwierig, im hohen Alter noch mal etwas ganz Neues anzufangen? Die Antwort lautet ganz einfach: Nein. Diese Annahme ist nur ein weitverbreitetes, gesellschaftlich verankertes Vorurteil. Es stimmt aber nicht.

Das lässt sich mittlerweile sogar wissenschaftlich belegen. Der Nestor der Altersforschung, Leopold Rosenmayr aus Wien, brachte es treffend auf den Punkt: »Wenn nicht im Alter kreativ – wann denn dann?«

> Das alte Märchen, wonach Gehirnzellen nur absterben, sich aber nicht neu bilden können, ist längst widerlegt.

Die *Altersforschung* weiß heute nach zahlreichen biologischen, psychologischen und soziologischen Studien, dass Menschen bis zum 90. Lebensjahr und darüber hinaus zu ganz bemerkenswerter Kreativität fähig sind. Es gibt dabei bloß eine einzige Bedingung: Sie tun es. Denn das Gehirn funktioniert wie alle biologischen Prozesse nach dem Prinzip, dass erhalten bleibt, was gebraucht wird, und abgebaut werden muss, was nicht mehr benötigt wird.

Das alte Märchen, wonach Gehirnzellen nur absterben, sich aber nicht neu bilden können, ist längst widerlegt. Der Umbau von bestehenden Gehirnstrukturen und der Aufbau von neuen ist mittlerweile für das hohe bis höchste Alter nachgewiesen. Aus adulten Stammzellen bilden sich dabei neue Nervenzellen – ganz einfach, weil sie gebraucht werden.

Das bedeutet im Umkehrschluss, dass überall dort, wo Menschen zum alten Eisen geworfen werden (oder sich selbst dem alten Eisen zuordnen), wo ihnen gegenüber gesellschaftliche und kulturelle Vorurteile herrschen oder die Arbeitsbedingungen gar nicht zulassen, dass sie kreativ sind, tatsächlich eintritt, was die Vorurteile weissagen: Im Alter wird der Mensch immer weniger aufgeschlossen für Neues. Dieses Bild vom unbeweglichen Greis ist also nichts als eine sich selbst erfüllende Prophezeiung – und biologisch nicht haltbar.

Der einflussreiche, streitbare und charismatische Altersforscher Prof. Dr. Andreas Kruse, der übrigens auch ein großartiger Redner ist, klärt uns in seinen glänzenden Vorträgen darüber auf, dass Altern nichts anderes als ein Prozess der Differenzierung ist: Die Menschen sind unterschiedlich und entwickeln sich im Alter immer weiter auseinander. Dementsprechend liegt es nicht am Alter, ob jemand zu Höchstleistungen fähig ist. Manche sind schon in jungen Jahren zu wenig zu gebrauchen, während andere in höchstem Alter Topleistungen erbringen und immer besser werden.

Aus dieser Perspektive betrachtet ist es logisch, dass wir unter Menschen in jungen oder mittleren Jahren viele finden, die im Arbeitsprozess zu wenig oder manchmal auch zu nichts zu gebrauchen sind, während andere selbst in hohem oder höchstem Alter mit Spitzenleistungen aufwarten. Dementsprechend machen die starren Altersgrenzen beispielsweise beim Renteneintritt eigentlich überhaupt keinen Sinn. Die Menschen sollten vielmehr selbstbestimmt entscheiden können, in welchem Lebensabschnitt sie wie viel arbeiten. Und genau deshalb brauchen wir die *Zeitsouveränität des Einzelnen.*

Solange es aber starre Vorgaben gibt, etwa die Rente mit 63 oder 67 oder demnächst die mit 69 oder 72, werden sich die älteren Menschen mehr und mehr Wege suchen, wie sie trotzdem über diese Altersgrenzen hinaus aktiv, produktiv und kreativ sein können zum Beispiel als Mentoren, Senatoren oder Tutoren. Wer das Renteneintrittsalter als Grund für seine Untätigkeit angibt, gebraucht einfach nur eine Ausrede.

Land der Kuratoren

Neben den genannten drei Möglichkeiten, die eine gewisse Expertise, eine gewisse Autorität und ein gewisses Selbstvertrauen voraussetzen, gibt es noch eine vierte Rolle, die wesentlich einfacher auszufüllen ist – die des Kurators, der sich um andere kümmert. Denn dort, wo Mangel in unserer Gesellschaft herrscht und Hilfe am meisten gebraucht wird, und zwar nicht als Wissens- oder Kompetenzträger, da genügt es oftmals, *einfach nur da zu sein*.

Nehmen Sie die Altenpflege oder das Krankenhaus – und es geht mir im Folgenden nicht um professionelle Alten- oder Krankenpflege: Die Zeit, die der Arzt auf der Visite oder das Pflegepersonal bei einem Patienten verbringt, können Sie mit der Eieruhr zählen. Das macht pro Patient und pro Tag jeweils weniger als eine halbe Stunde. Lassen Sie es ruhig eine Stunde sein, dann bleiben immer noch 23 Stunden übrig, von denen die wenigsten mit Schlafen abgedeckt sind. Die restliche Zeit sind viele kranke und alte Menschen allein.

Hier ist ein Bedarf, den selbst soziale und emotionale Analphabeten decken können: Sie müssen nämlich einfach nur da sein. Einfach Leute besuchen. Einfach zuhören. Einfach mit jemandem über den Flur oder in den Park gehen, eine Zeitschrift holen oder einen Anruf tätigen. Damit kann jeder, aber auch wirklich jeder Wunder bewirken.

> Für mich sind solche stillen Engel Kandidaten für das Bundesverdienstkreuz.

Ich habe von einer alten Frau gehört, die früh Witwe wurde. Ihren Haushalt und ihren Garten hatte sie spielend im Griff. Zu Hause rumzusitzen war ihr zu fad. Sie wollte auch nicht die ganze Zeit bei den Kindern und Enkeln sein und womöglich noch jemandem auf die Nerven gehen, also suchte sie sich eine Aufgabe: Sie ging ins Krankenhaus. Jeden Tag. Dort setzte sie sich zu den Patienten ans Bett und unterhielt sich mit ihnen. Und das hieß vor allem: zuhören. Dank ihrer äußerst optimistischen und fröhlichen Ausstrahlung war sie überall willkommen. Das Pflegepersonal merkte mit der Zeit, wie gut sich ihr Einfluss auf die Stimmung der gesamten Station auswirkte und wie sehr sie die gestressten Ärzte und Pfleger unterstützte. Und so wurde sie mehr und mehr zu einer Institution im Krankenhaus. Sie ging dort ein und aus, grüßte jeden, packte mit an und war immer da. Wenn Patienten starben, ging sie sogar auf die Beerdigung und half den Angehörigen in ihrer Trauer. Was machte es da schon, dass sie keinen Schulabschluss hatte, ihr Leben lang »nur« Hausfrau gewesen war und aufgrund ihrer tschechischen Herkunft einen sehr begrenzten Wortschatz hatte? Ein wertvolleres Mitglied der Gesellschaft kann man sich ja fast nicht vorstellen! Für mich sind solche stillen Engel Kandidaten für das Bundesverdienstkreuz.

Und das ist nur ein Beispiel. Ich bin sicher, davon gibt es viele. Aber lange nicht genug! Und zwar nicht nur im Bereich Krankenpflege. Es gibt ja auch noch die Altersheime. Und die Kindergärten mit all den überforderten und gestressten Kindergärtnerinnen! Man muss keine großen Qualifikationen haben, um sich in einer Kindergartengruppe in eine Ecke zu setzen und Bücher vorzulesen. Ja, man muss nicht mal lesen können! Es reicht, einfach Geschichten oder Witze zu erzählen oder den Mädchen die Haare zu flechten. Und dann gibt es die Obdachlosen. Ganz ohne den Anspruch, einen Säufer vom Alkohol wegzubekommen, kann man sich trotzdem zu einem Obdachlosen auf die Parkbank setzen und sich mit ihm unterhalten.

Es gibt so viele öffentliche Einrichtungen, Museen, Schwimmbäder, Bibliotheken und andere, die in den meisten Fällen über zu wenig Geld verfügen. Der größte Kostenfaktor ist hier oft das Personal. Deshalb werden Menschen gebraucht, die sich kümmern – die Kuratoren. Für einfache Tätigkeiten benötigt man meist nicht mehr als eine Stunde, um sich anlernen zu lassen:

in der Leihbibliothek zwei Stunden am Tag Bücher einsortieren oder an der Ausleihe mitarbeiten. Dreimal in der Woche im Museum an der Kasse aushelfen. In der Musikschule die Saalbestuhlung aufstellen oder Noten kopieren oder was auch immer. Die Möglichkeiten sind unerschöpflich, und der Bedarf ist groß.

In all diesen Bereichen und Betätigungsfeldern können Menschen im Alter noch jahrzehntelang ihr Bestes geben – *Zeit, Ruhe, Entschleunigung, langfristiges Denken, Weitblick, Erfahrung* – und damit auch das Beste zurückbekommen. Sie können sich auf die verschiedenste Weise einmischen und beteiligen, anstatt sich zurückzuziehen und abzudanken. Sie können aktiv helfen, die Dinge nicht nur richtig zu machen, sondern überhaupt das Richtige zu machen. Dafür erhalten Sie wiederum das Beste: Wertschätzung, Anerkennung, Dank, das Gefühl, gebraucht zu werden. Nicht zu vergessen: All diese Aktivitäten erhalten die geistige und körperliche Fitness der Senioren bis ins höchste Alter. Wie kostbar!

Je mehr ältere Menschen auf die eine oder andere Weise in eine Vorbildrolle gehen, desto mehr verändert sich unsere Gesellschaft. Ganz freiwillig und ohne Zwangsmaßnahmen. Das Einzige, was wir alle dabei nach und nach eliminieren müssen, ist die üble Idee des Ruhestands!

Kompakt:

Auch Rentner sollten einen gesellschaftlichen Beitrag leisten. Die absolvierte Lebensarbeitszeit und die eingezahlten Rentenbeiträge sind kein ausreichendes Argument für den Ruhestand, weil dessen Finanzierung so nicht vollständig abgedeckt ist.

Die Tatsache, dass Rentner einen Beitrag leisten sollten, rechtfertigt aber keine Zwangsmaßnahmen wie ein soziales Pflichtjahr für Rentner.

Nach dem sozialversicherungspflichtigen Erwerbsleben gibt es für ältere Menschen vier geignete Rollen, in denen sie als Vorbilder agieren können: als Mentor, Senator, Tutor und Kurator.

Alte und älteste Menschen sind erwiesenermaßen zu hohen Kreativleistungen in der Lage und können grundsätzlich Neues beginnen. Veraltete Vorstellungen und Vorurteile über die Erstarrung im Alter müssen revidiert werden. Starre Altersgrenzen wie das Renteneintrittsalter und die Idee eines »Ruhestands« sind nicht mehr zeit-, weil nicht menschengemäß.

Kapitel 8:
Die Sinnstifter

Als ich 1979 bei Mannesmann anfing, gab es keine »Arbeitszeiten«, sondern eine Dienstzeit. Antreten mussten wir pünktlich morgens um acht, denn Arbeitszeitmodelle oder Gleitzeit waren damals noch unbekannt. Auch Stechuhren gab es dort keine – alle kamen sowieso zur gleichen Zeit. Anwesenheit war die Voraussetzung für Arbeit, also war die Anwesenheit militärisch-autoritär geregelt. Wäre jemand zu spät gekommen, hätte der Vorgesetzte das sofort gemerkt. Die Blumenkinder der 68er hatten in den Unternehmen noch keine Spuren hinterlassen.

Zudem es gab ungeschriebene Gesetze, die man unbedingt kennen musste! Der Feierabend um 16 Uhr 30 war nämlich nur der offizielle Schlusspunkt. Ich erinnere mich noch gut an einen Abend, an dem ich gegen 18 Uhr – also nach zehn Stunden Anwesenheit – nach Hause gehen wollte. Ich war einer der Ersten im Büro, der sich aufmachte. Mitsamt meinem schlechten Gewissen ... Aber ich hatte an dem Abend noch was vor.

Die Blicke der anderen ignorierend schlich ich mich hinaus. Auf dem Weg zum Hauptausgang kam ein älterer Herr auf mich zu, ein alter Haudegen, ehemaliger Offizier der Wehrmacht. Er lächelte mir jovial zu, stellte sich vor mir auf, drückte den Rücken durch und sagte laut: »Hören Sie mal! Junger Mann! Sie können nicht jetzt schon nach Hause gehen! Sie wollen doch noch was werden bei uns!«

Wie ich hinterher mitbekam, war er der Generalbevollmächtigte, der direkt beim Vorstandsvorsitzenden saß. Ich verstand: Wer bei Mannesmann Karriere machen wollte, der blieb nicht bis 16 Uhr 30. Der blieb auch nicht bis 18 Uhr! Nein, wer »noch was werden wollte bei uns«, der blieb bis nach 20 Uhr!

Außerdem hatte bis abends um acht das Licht im Büro zu brennen, das Auto auf dem Parkplatz zu stehen, und man selbst hatte bis dahin telefonisch erreichbar zu sein! Es gab keine Tricks, keine Schlupfwinkel, kein Entrinnen. Unser Hauptabteilungsleiter, Dr. M., also der für unsere Disziplin zuständige Offizier, pflegte seine Leute damals aus reiner Schikane erst spätabends antreten zu lassen.

»Herr Seiwert«, sagte er einmal zu mir, als er mich zu sich gerufen hatte, »Herr Seiwert! Ich habe Sie gestern noch angefunkt! Sie waren nicht erreichbar!« O weh! So etwas durfte kein zweites Mal passieren. In den Augen meines Vorgesetzten hatte ich noch dazu im Rahmen meines Wirtschaftsstudiums ein völlig unbrauchbares Wahlfach belegt: Soziologie. »Soziologie? Das ist die Wissenschaft vom Sozialismus!«, lästerte er gerne.

Dr. M. hatte damals eine riesige Telefonapparatur mit vielen Knöpfen, mit denen er alle seine Untergebenen direkt anrufen konnte, wann immer er wollte. Abends nach sechs wollte er das am liebsten. Dieses Telefon war jedoch wie eine Einbahnstraße. Wir konnten ihn nicht anrufen, das war nicht vorgesehen. Sobald das Telefon auf meinem Schreibtisch schrillte, hob ich unter Schock den Hörer ab und nahm seine Befehle entgegen.

Chef

Nix Chef

Modell »ONE WAY«

Denn etwas anderes als Befehle gab es nicht bei seinen Anrufen. Es hagelte immer nur Ärger und Stress, wenn es schlecht lief, oder etwas noch Unangenehmeres, wenn es ganz schlecht lief. Abheben. Strammstehen. Jawoll! Befehl entgegennehmen. Befehl ausführen. Das war der Ursprung dessen, was wir heute im Unternehmen »Kommunikation« nennen.

Und? Wirkte sich das positiv auf die allgemeine Produktivität aus? Ach was!

Aber die Zeiten ändern sich bekanntlich. Ich wurde älter und wechselte von Mannesmann in Düsseldorf zu Standard Elektrik Lorenz, kurz: SEL, in Stuttgart-Zuffenhausen. Auch das ein Traditionsunternehmen mit Wurzeln im 19. Jahrhundert – die Aktienmehrheit und damit das Sagen hatte jedoch seit den 30er-Jahren ein US-amerikanischer Mischkonzern namens ITT. Außerdem war SEL ein Elektronikunternehmen. Also ging es dort im Vergleich zu den Stahlwerkern in Düsseldorf sehr modern zu. Wir hatten eine Kernarbeitszeit von 9:00 Uhr bis exakt 15:42 Uhr. Drum herum konnten wir »gleiten«. Dabei half uns eine Stechuhr, die unsere Arbeitszeit auf Kärtchen im Sechs-Minuten-Rhythmus abrechnete. Sechs-Minuten-Rhythmus, so was Verrücktes! Aber damals der letzte Schrei.

Die militärische Überwachung war einer frühen Form von Selbstverwaltung gewichen. Und? Wirkte sich das positiv auf die allgemeine Produktivität aus? Ach was! Die einzige Folge war, dass sich jeden Tag gegen 15:20 Uhr eine Riesenschlange von schwatzenden Leuten vor der Stechuhr bildete, die nur darauf warteten, dass die Uhr endlich auf 15:42 Uhr sprang, damit sie ausstempeln konnten! Innerlich »weg«, im Feierabend, waren die meisten schon viel früher. »Wann kommst du morgen?«, »Kannste für mich stechen?«, »Tomorrow I'll come later!«, »I gang morgen a bissle früher, kannsch du mich aussteche, bitte?« so die üblichen Formulierungen in dieser Zeit Fast jeder versuchte, das System auszutricksen und sich seine Freiräume zu schaffen.

Wenn man es genau nimmt, war das natürlich Betrug und Grund für die fristlose Kündigung. Aber dann hätte SEL die Hälfte der Belegschaft rauswerfen müssen. Das Ganze war eine Farce. Und ich behaupte mal, dass diese Stechuhren – der Name tut ja schon weh – einem

Unternehmen eher schaden als nützen, denn das, worum es eigentlich geht, fehlt vollkommen: der Fokus auf die Ergebnisse!

Macht das Sinn? Überhaupt nicht!

Wie wird Leistung gemessen?

Es ist doch völlig egal, in welcher Zeit ich meine Arbeit mache – wichtig ist, *dass* ich sie mache und die Resultate liefere, die das Unternehmen braucht, damit sich mein Arbeitsplatz refinanziert! Es spielt auch keine Rolle, *was* ich dafür tue – Hauptsache, es kommt das heraus, was dabei herauskommen soll! Oder?

Im Laufe der Jahre machte ich mich irgendwann selbstständig, was ich nun schon viele Jahre bin. Seitdem überwacht niemand mehr meine Arbeitszeit, so wie es der Gesetzgeber nach wie vor für Angestellte vorschreibt. Arbeite ich deshalb weniger? Nein, natürlich arbeite ich viel mehr. Denn ich nehme ja keine Befehle mehr entgegen und muss auch kein idiotisches System mehr austricksen, sondern kann mich einfach darauf konzentrieren, was Sinn ergibt und mir Spaß macht.

Mit zunehmendem Alter habe ich mir immer mehr Freiheit verschafft – und je freier ich wurde, desto lieber und desto mehr habe ich gearbeitet. Natürlich spielten mir dabei die Veränderungen in die Hände, die sich in den Unternehmen vollzogen. Aber es war schon auch mein Freiheitsdrang, der mich antrieb.

Bin ich damit geradewegs in einen Strudel der Selbstausbeutung geraten? Keineswegs! Das Plus an Arbeitszeit machte mir gar nichts aus, denn ich tat ja, was ich liebte: Trainings und Seminare leiten, Vorträge halten und Bücher schreiben. Da ich das Gefühl hatte, etwas Sinnvolles zu tun, wurde ich dabei nicht müde. Bis heute nicht.

Jetzt kann ich natürlich nicht so einfach von mir auf andere schließen, das wäre nicht fair. Trotzdem wage ich zu behaupten, dass all die Modelle, Systeme und Gesetze, die wir geschaffen haben – die Arbeitszeitmodelle, die Zeiterfassungssysteme, die Gehalts- und Vergütungsmodelle, die Anreiz- und Bonussysteme, das Arbeitszeitgesetz –, dringend mal in die Inspektion müssten. Wir dürfen uns getrost fragen: Auf was sind diese

Systeme eigentlich ausgerichtet? Darauf, den Sinn der Arbeit zu erhöhen? Oder doch eher auf Kontrolle, Kostenersparnis, Disziplin, Motivation von außen, Verwaltung, Vereinheitlichung ...?

Da braucht es eine Portion Gelassenheit und Überblick.

Was ist, wenn einer in fünf Stunden das angestrebte Ergebnis erreicht, statt in zehn Stunden? Verdient er dann weniger oder mehr? Darf er dann nach Hause gehen, oder muss er in der restlichen Zeit noch mal das Gleiche leisten? Und was sagt die in Arbeitseinheit pro Zeiteinheit gemessene Arbeitsleistung des Einzelnen über die langfristige Qualität des Ergebnisses aus? Oder über die Leistung des Teams, in dem der Einzelne arbeitet? Ist es gerecht, alle gleich zu behandeln?

Bei all diesen gar nicht so einfach zu beantwortenden Fragen sind wieder die Älteren und Erfahrenen gefragt! Wenn es darum geht, ob Systeme und Modelle Sinn machen, braucht es weder den blinden Gehorsam der jungen Duckmäuser noch das Auflehnen und die Antihaltung der jungen Heißsporne. Da braucht es eine Portion Gelassenheit und Weitblick. Den Älteren geht nämlich die Zeit aus und manchmal auch die Puste! Sie sind an dem Punkt, an dem sie die Begrenztheit der Ressourcen Zeit und Kraft körperlich wahrnehmen – ein junger Mensch ist das nicht! Der ärgert sich höchstens, dass andere schon seit Stunden freihaben, während er noch im Büro rumsitzt. Seine Frau ärgert sich, seine Kinder vermissen ihn ...

Das Grundprinzip der Leistungsorientierung, in Arbeit pro Zeit gemessen und durch Anwesenheitskontrolle abgesichert, herrscht heute in den Unternehmen immer noch vor, auch wenn die Umgangsformen auf den Fluren und gegenüber den Vorgesetzten lockerer geworden sind und es keine terrorisierenden »Einbahn-Telefone« mehr gibt. Aber ist Leistungsorientierung noch zeitgemäß?

Marissa Mayer, die Vorstandsvorsitzende der US-amerikanischen Internet-Company Yahoo, holte im Februar 2013 alle Homeoffice-Mitarbeiter wieder in die Büros zurück. Grund: fehlende Ergebnisse! Die Mitarbeiter glaubten ihren Teil des Deals damit zu erfüllen, dass sie »erreichbar« waren. Ihr Argument: Es ist doch egal, wo ich arbeite. Das Problem: Die Ergebnisse der Teams, in denen sie auf diese virtuelle Weise arbeiteten, waren schlecht.

»Bei Yahoo zu sein, das ist nicht nur ein Job, den man von Tag zu Tag erledigt. Es geht um eine Zusammenarbeit und gemeinsame Erfahrungen, die nur in unseren Büros möglich sind«, sagte Mayer als Begründung. Man erwarte von allen Mitarbeitern, bis Juni zurück ins Büro zu kommen. Wem das nicht passe, der solle gehen.

Das klingt hart, und man kann darüber diskutieren, ob dies die einzige Lösung ist. Mayer bewies damit aber zumindest Profil. Und hatte den Blick aufs Wesentliche gerichtet: Ergebnisse. Sie sorgte nicht nur dafür, dass in den Büros wieder mehr Leben herrschte, sondern dass die Räumlichkeiten überdies erneut zu einer kreativen Umgebung wurden. Sie verbesserte die Möglichkeiten zur Kinderbetreuung sowie die Serviceleistungen, um die privaten Bedürfnisse, die Gesundheit und die Fitness der Mitarbeiter zu unterstützen.

> Ältere Menschen können aus dem abendländischen Entweder-oder ein taoistisches Sowohl-als-auch machen.

Mayer hatte verstanden, dass der pauschale Trend in Richtung Homeoffice für Yahoo nicht sinnvoll war. Wenn ein Unternehmen durch den Charakter der Arbeit davon lebt, dass die Menschen persönlich miteinander interagieren, um kreativ zu sein und voneinander zu lernen, dann muss die Arbeit eben im Büro stattfinden. Aber sie dachte noch weiter: Wenn das Unternehmen will, dass die Mitarbeiter im Büro arbeiten, dann muss es

»Es ist nicht zu wenig Zeit, die wir haben...

eben dafür sorgen, dass sie gerne und freiwillig kommen. Das Büro muss ein lebenswerter Ort werden, der den Mitarbeitern nicht nur Annehmlichkeiten, sondern ebenso ein Sinnangebot liefert.

Marissa Mayer ist für eine so erfolgreiche Managerin erstaunlich jung: Jahrgang 1975. Ich halte sie für sehr intelligent – und mutig, denn mit ihrer unpopulären Entscheidung contra Homeoffice schwamm sie gegen den Zeitgeist und musste sich jede Menge Häme und Kritik gefallen lassen.

Für mich ist diese kontroverse Yahoo-Geschichte ein Denkanstoß: Es kann nicht die Aufgabe eines Unternehmens sein, den Mitarbeitern das Leben maximal zu erleichtern. Die Arbeitsergebnisse dürfen nicht den Wünschen des Lebens geopfert werden, denn das ist vielleicht für den Mitarbeiter bequem, ergibt aber für das Unternehmen keinen Sinn, auch wenn es noch so sehr Trend sein mag. Andersherum ist es ebenfalls nicht sinnvoll, das eigene Leben den Forderungen des Unternehmens nach totaler Kontrolle und Verfügbarkeit unterzuordnen, so wie es damals bei Mannesmann der Fall war.

Ältere Menschen können es aufgrund ihres Weitblicks schaffen, aus dem abendländischen Entweder-oder ein taoistisches Sowohl-als-auch zu machen und Leben und Arbeiten wieder zu integrieren, sodass das eine dem anderen nicht schadet, sondern zu einer Einheit wird, die Sinn ergibt und gerade deshalb Erfolg bringt. Mein Kronzeuge dafür ist Jupp Heynckes.

Von »Osram« zu »Don Jupp«

Als dieser wunderbare schnelle Stürmer, der 1978 beim historischen 12:0 seiner Gladbacher Fohlen gegen Borussia Dortmund einmal fünf Tore in einem Spiel geschossen hatte, nach seiner Spielerkarriere Trainer geworden war, festigte er seinen Ruf als Höchstleister. Mit 34 Jahren war Jupp Heynckes seinerzeit der jüngste Bundesligatrainer aller Zeiten. Er war erfolgreich, aber immer unter Druck. Immer im Stress. Nie entspannt. Ständig unter Strom. Sein Kopf war meistens hochrot angelaufen. Das brachte ihm den Spottnamen »Osram« ein nach dem Münchner Leuchtmittelhersteller.

Und tatsächlich hatte ich immer Angst, dass ihm einmal auf der Trainerbank in der letzten Spielminute vor lauter Stress eine Ader im Kopf platzen oder er einen Herzinfarkt erleiden würde, so sehr schien er unter Druck zu stehen. Gegenüber seinen Spielern galt er als streng und fordernd. Und der Erfolg gab ihm zunächst recht. Meistens übernahm er Teams aus dem Mittelfeld der Tabelle in Deutschland oder Spanien und führte sie mit großem Aufwand an die Spitzengruppe heran. Titel blieben allerdings Mangelware. Einmal suspendierte er als Trainer von Eintracht Frankfurt seine drei

... sondern zu viel Zeit, die wir nicht nutzen.«

besten Spieler, weil sie sich körperlich und mental zu kaputt fühlten, sich krankmeldeten und nicht zum Training erschienen. Für Heynckes ein absolutes No-go!

Anlässlich seiner Entlassung als Trainer auf Schalke nach einem schwachen Saisonstart, sagte sein Chef Rudi Aussauer: »Der Jupp ist ein Fußballer der alten Schule, aber wir haben 2004!«

Es schien so, als sei die Zeit des Jupp Heynckes abgelaufen. Ganz offensichtlich war die totale Leistungsorientierung, die er vom Spielfeld auf die Trainerbank mitgenommen hatte, nicht mehr zeitgemäß. Er galt als Auslaufmodell. Als Schlusspunkt seiner Trainerlaufbahn kehrte er zu seinem Heimatverein Borussia Mönchengladbach zurück und konnte nicht verhindern, dass seine Mannschaft im Winter 2006/2007 auf einen Abstiegsplatz abrutschte. Heynckes trat zurück. Gesundheitlich angeschlagen zog er sich auf seinen Bauernhof zurück, ging mit 61 Jahren in den Vorruhestand und schloss mit seiner Fußballkarriere ab.

> »Der Jupp ist ein Fußballer der alten Schule, aber wir haben 2004!«

Irgendwie eine traurige Geschichte. Arbeit und Leben standen sich bei Jupp Heynckes gewissermaßen im Weg. Sein Job schlug ihm auf die Gesundheit, und der Erfolg blieb ebenfalls aus. Es passte nicht.

Doch überraschenderweise war diese Geschichte noch gar nicht zu Ende. Dieses vermeintliche Ende war nämlich ein Anfang. Und für mich eine der größten, beeindruckendsten und emotionalsten Erfolgsgeschichten des Fußballs überhaupt.

Zwei Jahre vergingen, dann rief sein alter Weggefährte Uli Hoeneß an. Beim FC Bayern lief es nicht gut, Hoeneß war mit dem vorwitzigen Jürgen Klinsmann als Trainer nicht glücklich geworden und bat nun seinen Freund Jupp, ihm als Interimstrainer bis zum Saisonende auszuhelfen.

Heynckes konnte diesen Freundschaftsdienst nicht ausschlagen und sagte zu. Schon als er zur ersten Pressekonferenz erschien, war alles anders. Kein roter Kopf mehr. Kein

Leistungsdruck. Dafür ein Lächeln auf den Lippen und lauter bescheidene Aussagen. Und bei den Bayern lief es wieder. Er führte seine Mannschaft in den letzten fünf Spieltagen der Saison auf den zweiten Platz.

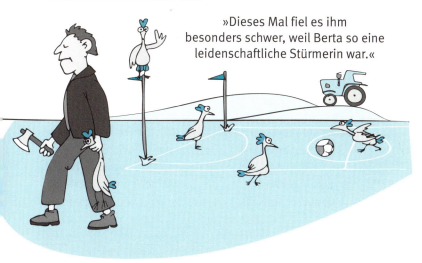

»Dieses Mal fiel es ihm besonders schwer, weil Berta so eine leidenschaftliche Stürmerin war.«

Alle Fußballexperten rieben sich die Augen: Heynckes' Mannschaft spielte modern und mit Leichtigkeit. Und siegte. Im Sommer wurde er prompt von Bayer Leverkusen engagiert. Und auch dort lief es großartig, Heynckes führte die Mannschaft in die Champions League. Und stets beeindruckte er auf Pressekonferenzen oder bei Interviews mit einer bis dato nicht gekannten Gelassenheit. Der Stress war weg. Einer seiner Spieler schwärmte im Interview von seinem Trainer. Als er vom Reporter nach einem Kritikpunkt gegen Heynckes gefragt wurde, überlegte er lange und sagte dann: »Er hätte manchmal strenger mit mir sein müssen!« Heynckes strenger? Da hatte sich offenbar Grundlegendes geändert. Ich vermute, dass Heynckes zu Hause auf seinem Bauernhof viel Zeit zum Nachdenken gehabt hatte. Und dabei hat er irgendetwas verändert in seinem Leben.

__ Bei seinem Abschied gab es heiße Tränen.

Und dann kam der krönende Abschluss: Uli Hoeneß rief ein weiteres Mal an. Jupp Heynckes wurde wieder Trainer des FC Bayern und führte den Verein über zwei Jahre hinweg bis zum erstmaligen Gewinn des Triples: Meisterschaft, Pokal und Champions League in einer Saison. Heynckes hatte die beste Mannschaft der Welt geformt, er ließ den weltweit modernsten Fußball spielen und gewann einfach alles, einschließlich der Herzen der gesamten Fußballwelt. Und das ohne hohen Blutdruck, dafür voller Hingabe, mit Herzblut und Leidenschaft, sehr viel Ruhe, Aufmerksamkeit, Verständnis und Achtsamkeit für seine Spieler.

Auf seiner Abschiedspressekonferenz erzählte er freimütig, wie schwer es ihm gefallen sei, einige der besten Spieler nicht aufstellen zu können, weil eben nur elf Mann spielen dürfen. DAS waren seine größten Sorgen. Das muss man sich mal vorstellen!

Bei seinem Abschied gab es heiße Tränen. Seine Mannschaft, seine Chefs und alle, die etwas von Fußball verstehen, waren sehr berührt. Ich auch.

Selbst wenn Sie kein Fußballfan sind, kann diese Geschichte Sie eigentlich nicht kaltlassen. Für mich ist sie ein Beweis dafür, dass Menschen im Alter die gleiche Sache noch mal ganz neu angehen, dass sie den Mut aufbringen können, Dinge völlig anders anzupacken als bisher. Sie sind in der Lage, ihre Lebenserfahrung umzumünzen in etwas viel Größeres und damit ein Alterswerk zu schaffen, das Jüngere einfach noch nicht erreichen können. Unterm Strich vermögen ältere Menschen bessere Ergebnisse zu produzieren, obwohl sie nicht mehr so leistungsfähig sind, weil sie einfach wissen, wie es geht. Sie sind sich bewusst, dass Leben und Arbeiten zusammenhängen und am besten nicht voneinander getrennt werden. Deshalb finden sie auf ihre alten Tage eine Gelassenheit, die andere ansteckt und glücklich, fröhlich und erfolgreich macht. Das Beste kommt eben manchmal erst ganz zum Schluss.

Jupp Heynckes, wie schön für uns alle, dass Sie es ganz zum Schluss noch einmal angepackt haben!

Sklavenhaltung

Für viele Menschen ist ihre Arbeit keine Aufgabe, die man tut, um etwas zu erreichen, sondern eher ein Ort, wo man täglich hingeht beziehungsweise an dem man sein muss. Ich werde dafür bezahlt, dass ich morgens erscheine und abends wieder nach Hause gehe, scheinen sie zu denken. Großes Aufatmen, wenn der Tag rum ist. Dann fährt man heim – und das Leben beginnt. Eine schreckliche Denkweise!

Zu einer gesunden Einstellung zur Arbeit gehören drei Dinge:

- Ich muss wissen und verstehen, *was* ich überhaupt tue.
- Ich muss außerdem wissen, *wie* ich es am besten tue.
- Und ich muss wissen, *wozu* ich es tue!

Erst dann kann Arbeit Teil des Lebens sein und Lebensqualität bedeuten. Warum soll »Frühstücken« nicht die gleiche Zeitqualität haben wie »im Meeting sitzen«? Es ist doch völlig egal, was ich gerade tue – ich lebe immer! *Leben ist Arbeit, und Arbeit ist Leben.* Ich arbeite auch auf dem Weg zum Bäcker!

Was hatte sie gesagt? Ich – ein Sklave?

Neulich habe ich mir morgens dort die *Bild*-Zeitung geholt, wegen des Sportteils. Um die Zeit gut zu nutzen, begann ich auf dem Weg dorthin ein Telefonat und war auch noch nicht ganz fertig, als ich die Bäckerei betrat und mich hinter die Wartenden einreihte. Als ich dran war, nickte ich – das Handy am Ohr – der jungen Verkäuferin freundlich zu und legte ihr die 70 Cent passend auf die Theke. Sie sagte lächelnd: »Ja, ja, die Sklaven des Telefons!«

Weil mein Gesprächspartner auf der anderen Seite der Leitung gerade sprach, sagte ich nichts, sondern lächelte nur zum Abschied. Später dachte ich nach: Was hat sie gesagt? Ich – ein Sklave? Ich hatte doch selbst entschieden, dieses Telefonat zu führen, und freute mich, dass ich den Gang zum Bäcker dafür nutzen konnte! Nein, ich sah mich nicht als Sklave, sondern eher als Selbstbestimmer!

»Ach Sie armer Mann – völlig versklavt!
Hier haben Sie noch ein Brötchen extra von mir.«

Viel interessanter finde ich , was diese Wendung »Sklave des Telefons« über die Einstellung der Verkäuferin ausdrückt. Wer selbst das Gefühl hat, etwas tun zu müssen, der sieht dieses Motiv auch in anderen Menschen. Ich bin sicher, die junge Dame gehört zu denen, die das Gefühl haben, arbeiten zu *müssen*, sie fühlt sich fremdbestimmt und in gewisser Hinsicht versklavt. Logisch, dass für sie das Leben erst nach Feierabend beginnt, sobald sie freihat.

Dank der modernen Technik sind die Grenzen zwischen Arbeit und Freizeit heute viel durchlässiger geworden als noch vor ein paar Jahren. Wir können mittlerweile von überall auf alles reagieren. Das ist ein Segen, es kann aber auch ein Fluch sein – je nachdem, wie man´s nimmt. Ich bekomme Mails von Lesern, die sagen: »Mein Chef schreibt mir abends um 22 Uhr noch SMS oder E-Mails und erwartet sofortige Antwort. Wo ist da meine Freiheit und Selbstbestimmung?«

Ich verstehe durchaus, dass man abends einfach mal abschalten will. Die Frage ist für mich: Wie oft kommt so was vor? Und welche Einstellung habe ich dazu? Kann ich mit meinem Chef darüber reden? Kündige ich? Oder richte ich mir mein Leben so ein, dass ein paar Mails am Abend in Ordnung sind – wenn ich dafür vielleicht während des Tages mehr Freiraum habe?

Und vor allem: Wozu will mein Chef mich abends überhaupt noch erreichen können? Ist es pure Kontrolle? Oder ist es vielleicht im Rahmen der besonderen Tätigkeit sinnvoll und deshalb einzusehen? Gehört es vielleicht zu dem Job dazu, den ich mir ausgesucht habe?

Wie ich in meinem Buch *Ausgetickt* schon geschrieben habe: *»Stress rührt nicht von zu hoher Belastung her, sondern vom Auflehnen gegen die unpassende Situation, vom Kampf gegen die Fremdbestimmung.«* Wir müssen also dafür sorgen, dass die »unpassende Situation« aufhört – und wie das geht, das wissen wir selbst am besten. Denn nur wir können sagen, was für uns passt. Die Voraussetzung dafür ist natürlich, dass ich mich mit dem identifiziere, was ich tue. Jemand, der seinen Job nur »runterreißt« und um 10 Uhr morgens nicht viel motivierter ist als um 22 Uhr abends, der ärgert sich auch über E-Mails vom Chef, die tagsüber kommen!

Wenn ich aber weiß, wem meine Arbeit nützt und wozu ich sie mache, und wenn ich mich mit diesem Zweck identifiziere, dann wird mein Tun signifikant und relevant. Dann verschwinden Druck und Stress.

Und genau dabei können die älteren Menschen in unserer Gesellschaft helfen: die Frage nach dem Wozu viel öfter und viel genauer zu stellen und zu beantworten.

Signifikanz statt Eiertanz

Viele Menschen stellen sich diese Frage gar nicht, weil sie zu sehr damit beschäftigt sind, ihren Alltag in den Griff zu kriegen: Wie ein Artist jonglieren sie mit den verschiedensten bunten Bällen, die da heißen: Karriere machen, Quartalsziele erreichen, Kredite abbezahlen, Frau und Kinder glücklich machen, Hobbys und Vereinstätigkeiten im Kalender unterbringen... Wehe, ein Ball oder sogar mehrere fallen runter, weil sie ein Ziel nicht erreicht haben, krank oder vielleicht sogar arbeitsunfähig geworden sind. Für viele ist das ein Eiertanz, jeden Tag! Und meistens ist nicht nur der einzelne Mensch betroffen, sondern gleich eine ganze Familie. Unsäglich viele Bälle hängen da tagtäglich in der Luft.

Die Alten können zu diesen Menschen sagen: »Leg mal die Bälle zur Seite. Und jetzt schau dir mal in Ruhe an, welche du davon überhaupt brauchst.« Genauso können sie in Unternehmen dazu beitragen, dass ein paar von den Bällen aus dem Spiel genommen werden, indem sie den Scheinwerfer auf die verschiedensten Bereiche richten und ein *Sinn-Controlling* oder *Sinnstiftungsmodule* einführen. So lässt sich messerscharf überprüfen: Welche Produkte machen Sinn, welche Dienstleistungen? Welche Funktionen und Positionen? Welche Abteilungen? Welche Abläufe und Prozesse? Welche Standorte?

> Leg mal die Bälle zur Seite. Und jetzt schau dir mal in Ruhe an, welche du davon überhaupt brauchst.

Zur betrieblichen Gesundheitsvorsorge kommt dann vielleicht bald die betriebliche Sinnfindung dazu! Und es werden möglicherweise Stellen für *Signifikanzmanager* eingerichtet, die alle Entscheidungen und Ergebnisse auf ihre Bedeutung überprüfen: Was ist wirklich wichtig? Was soll bleiben und was nicht? Ganz neue Tätigkeitsfelder tun sich da auf. Ich finde das hoch spannend. Wir haben die Wahl: Wir können so weitermachen mit dem »Produktivsein um jeden Preis« und dem Reichtum im Außen nachjagen. Wir können ihn aber auch von innen heraus entwickeln. Und das fängt bei jedem einzelnen Menschen an, so wie es meine amerikanische Kollegin Julie Morgenstern beschreibt, die Autorin des Buches *Organizing from the Inside Out*.

From the inside out: *Wir leben von innen nach außen*. Denn das, worum es eigentlich geht, wie Liebe, Anerkennung, menschliche Nähe und das Gefühl von Zugehörigkeit, das finden wir nur in uns selbst. Aus dieser inneren Ordnung erzeugen wir die äußere Ordnung – in unserem Leben, unseren Beziehungen, unserem Beruf. Und dieses Innere, das hat immer mit Sinn zu tun. Nicht mit Geld. Sinn ist unbezahlbar. Für kein Geld der Welt steigt der Sinn eines Menschen, einer Tätigkeit oder eines Produkts! Sinn existiert – und vermehrt sich – einzig und allein, wenn wir danach streben, dass alles, was wir tun, mit unseren ureigensten Wünschen, Überzeugungen und Werten übereinstimmt. Dann bekommt alles plötzlich eine neue Leichtigkeit.

Keine Zeit für Gebrechlichkeit

Doch von dieser Leichtigkeit sind wir heute noch ein gutes Stück entfernt! Ein Reporter um die 50 hat sich einmal in einer Fernsehreportage von einer Maskenbildnerin »auf alt« trimmen lassen und so getan, als käme er mit seinem Wägelchen die Treppe zur Kölner Domplatte nicht hoch. Er sah aus wie 80, ging langsam und gebeugt und tat so, als würde er mit seinem Trolley immer wieder an den Treppenstufen hängen bleiben. Der Wagen fiel mehrmals hin, er hob ihn immer wieder mühevoll auf und setzte seinen Gang nach oben fort. Ein paar Passanten guckten, liefen aber weiter. Andere, sehr wenige an der Zahl, hoben ihm den Wagen auf oder halfen, indem sie den Mann am Arm nahmen.

> Die Alten fallen erst auf,
> wenn sie hilflos sind.

In einer anderen Szene stellte sich der Reporter an einer Supermarktkasse an und kramte, als er an der Reihe war, in aller Ruhe seine 4 Euro 84 aus dem Portemonnaie. Hinter ihm in der Schlange wurde es unruhig, manche verdrehten die Augen, murmelten genervt, andere wurden richtig wütend. Einer knallte sogar seine Waren aufs Band und verließ den Laden ohne Einkäufe. Der Reporter zog am Ende der Reportage für sich den Schluss: *Die Alten fallen erst auf, wenn sie hilflos sind.* Ansonsten werden sie nicht wahrgenommen.

Bei Babys und Kleinkindern finden wir es noch niedlich, wenn sie langsam sind und an der Hand ihrer Eltern schwankend die ersten Schritte machen. Nicht so bei den Alten: Ein alter Mensch, der in der Fußgängerzone deutlich langsamer geht als alle anderen, der die Treppe nicht hochkommt, an der Kasse zu lange braucht und bei Grün nicht schnell genug die andere Straßenseite erreicht (was ja im normalen Schritttempo oft kaum machbar ist!), hält den Verkehr auf und zieht nichts außer Unmut und Ärger auf sich. Liegt es wirklich an den alten Menschen, dass wir so negativ reagieren? Oder liegt es an uns und unserer Einstellung zu ihnen? Hat die Zeit uns so fest im Griff, dass wir es uns nicht mehr leisten können, einem älteren Menschen ein paar Sekunden oder Minuten mehr zuzugestehen?

Wer einmal in einen Alterssimulationsanzug geschlüpft ist, der weiß, was für eine enorme Leistung ein Mensch im fortgeschrittenen Alter erbringen muss, um durch den Tag zu kommen. Diese sogenannten gerontologischen Testanzüge sind extra dafür konzipiert, um uns allen die typischen altersbedingten Einschränkungen näherzubringen, denn wir spüren sie leibhaftig: Der Ganzkörperanzug mit seinem eingefärbten Visier simuliert zum Beispiel die Einengung unseres Gesichtsfeldes, die Eintrübung der Augenlinse, das verminderte Hörvermögen, die Einschränkung der Kopfbeweglichkeit, Gelenksteife, Kraftverlust und vieles mehr. Das Laufen in einem solchen Simulator fällt wahnsinnig schwer, der Bewegungsradius der Arme und Beine ist minimal, die Koordination gelingt nur mit Mühe, und für alles braucht man gefühlt viel mehr Energie. In einem solchen Anzug ein Päckchen Mehl ganz oben vom Regal im Supermarkt herunterzuholen, geschweige denn flink wie ein junger Hirsch über die Straße zu hüpfen? Keine Chance, kann man vergessen! Jeder Gang, der in jungen Jahren eine Selbstverständlichkeit ist, so normal, dass wir überhaupt nicht darüber nachdenken, wird im Alter zu einer echten Herausforderung – vielleicht sogar zu einer Unmöglichkeit. Die Erfahrung in einem Age Simulator vergisst man nie mehr. Ich empfehle sie jedem, der sich in einen alten Menschen hineinversetzen möchte – wie auch allen Teams in Unternehmen, die im Laufe der kommenden Jahre vermehrt mit älteren Kollegen zu tun haben!

Bremsklötze, Hindernisse, Kleingeldklauber

Die Fernsehreportage hat gezeigt, worum es jetzt geht: um die Entwicklung von Verständnis füreinander, um Mitgefühl und um Respekt. Nur so können wir die Fronten aufweichen, die sich zwischen den Generationen gebildet haben.

Wenn die Alten und Älteren wieder wahrgenommen und geschätzt werden – und nicht erst durch ihre Hilflosigkeit auffallen müssen –, wenn sie nicht länger eine Last sind, Bremsklötze, Hindernisse, Kleingeldklauber, sondern als wertvolle Mitglieder der Gesellschaft gelten, die einen wichtigen Beitrag leisten, dann machen wir einen Riesenschritt nach vorne.

»Boah – echt anstrengend!«

Der Generationenpakt

Firmen wie Audi, Daimler, Bertelsmann und andere buchen junge Speaker wie den 20-jährigen Philipp Riederle, Deutschlands jüngsten Unternehmensberater, um zu erfahren, wie die Generation Y tickt. Das ist gut! Schauen wir hin, hören wir hin, was die Jungen zu sagen haben – wir verschlafen sonst unsere besten Ideen und Lösungen von morgen! Denn erst im Schulterschluss zwischen dem Pioniergeist sowie der schnellen Denke der Jungen und der Weitsicht, dem dicken Fell und den finanziellen Mitteln der Älteren können wir die skizzierten Probleme, die sich durch die rasante demografische Entwicklung vor uns auftürmen, nachhaltig lösen.

Dabei hilft uns ein Pakt: zwischen den Jungen und den Alten. Warum verstehen sich die Großeltern und die Enkel so gut? Die Antwort: Sie haben einen gemeinsamen Feind – die Eltern.

Spaß beiseite. Tatsächlich ist es ganz häufig so, dass die Enkel zu Oma und Opa ein wunderbares und stressfreies Verhältnis haben, während die Eltern, die »Macht in der Mitte«, permanent mit beiden Generationen im Clinch liegen.

Dieses Bild lässt sich auch auf unser Thema übertragen. Die Babyboomer, die heute so um die 50 Jahre alt sind und zwischen den Alten und den Jungen stehen, sind zwar nicht der Feind – so würde ich sie nicht gerne sehen wollen –, doch sie stellen zahlenmäßig eine große Macht da, die aber weder zum Wohle der Jungen noch zu dem der Älteren handelt. In diesen Grabenkampf müssen wir uns nicht begeben – er reibt uns nur auf und verschwendet wertvolle Zeit und Energie! Im Bund mit den Jungen dagegen werden auch die Älteren zu einer starken Kraft – rechts außen und links außen –, um die Kluft der dazwischenliegenden Generation zu überbrücken. Grundlage dafür ist, und damit schließt sich der Kreis, unser gegenseitiges Verständnis, unser Mitgefühl und unser Respekt über die Generationen hinweg.

Wir alle sind Teil der gleichen Entwicklung, vor der niemand davonlaufen kann: Die Jungen werden eines Tages die Alten sein. Ich selbst musste dem ins Gesicht sehen und habe mit Ihnen geteilt, wie sehr mich das beschäftigt hat – und immer noch beschäftigt. Ich stehe ja erst am Anfang dieser Reise und bin gespannt und neugierig, zu welchen Erkenntnissen mich die kommenden Jahre bringen werden.

Stand meiner Erkenntnis von heute ist: Wenn wir das Älterwerden wieder als natürliche Entwicklung sehen, die wir alle durchmachen, und wenn wir unsere Vorurteile und Widerstände aufgeben und auf eine Weise zusammenhalten, wie es früher die Großfamilie getan hat, dann nehmen wir dem Staat eine große Bürde ab. Der Staat hat sich in den letzten Jahrzehnten nämlich zu viel aufgehalst. Er hat Großfamilie gespielt und Aufgaben zu übernehmen versucht, die früher der familiären Gemeinschaft zufielen: Er wollte für uns da sein und alles und jeden absichern durch Arbeitslosengeld, Rente, Sozialhilfe und so weiter, wollte alles regeln und kontrollieren. Für jeden erdenklichen Fall hatte er Leistungen parat, um alles und jeden aufzufangen beziehungsweise weich abzufedern. Mit dem Ergebnis, dass er immer tiefer in den Schlamassel gerutscht ist.

Wir kommen nicht umhin, bestimmte Aufgaben wieder selbst zu übernehmen. Wir kommen nicht drum herum, die Verantwortung wieder selbst zu tragen. Das gilt insbesondere für die Älteren, die sich künftig nicht mehr in den Ruhestandssessel zurücklehnen dürfen.

Und wie soll das jetzt alles gehen? Wo ist der Hut, aus dem wir all die schönen Lösungen zaubern? Ich sage: Es geht nicht ums Zaubern! Es geht einfach nur darum, den ersten Schritt zu tun!

Kompakt:

Sinn ist die Kraft in
unserem Leben,
die alles zusammenhält.

Lebensqualität steht
inzwischen auch schon
bei den Jüngeren hoch im Kurs.

Leben ist Arbeit, und Arbeit ist Leben.
Eine Trennung ergibt keinen Sinn.

Stechuhren machen uns nur zeit-fixiert
statt ergebnis-orientiert.

Sinn entwickelt sich
immer von innen nach außen.
Nicht umgekehrt!

Unternehmen sollten
Sinn-Controller und
Signifikanzmanager einstellen.

Sinn ist unbezahlbar.
Er entsteht, wenn alles, was wir tun,
mit unseren ureigensten Wünschen,
Überzeugungen und Werten
übereinstimmt __

In seiner Vorlesung
»Der Sinn des Lebens«
beeindruckt
Professor Lebensmann
wie gewohnt durch seine
brillianten Herleitungen.

Nachwort:

Goldene Zeiten

An einem wunderschönen Junitag zog im Zoo ein neuer Elefant ein. Die Schildkröte, die sich das Gehege mit den mächtigen Vierbeinern teilte, beäugte den Ankömmling neugierig. Dieser graue Gigant hatte schon einige Jahre auf dem Buckel. Er bewegte sich ganz langsam und vorsichtig in einem Radius von nur wenigen Metern.

Die Schildkröte, ebenfalls in die Jahre gekommen und vermutlich deutlich älter als der Dickhäuter, beschloss, etwas näher ranzukriechen, um ihn genauer unter die Lupe nehmen zu können.

»Was ist mit deinem Fuß?«, fragte sie, als sie ein paar Meter von ihm entfernt war und eine tiefe Narbe an seinem Fußgelenk entdeckte.

»Hm?«, brummte der Elefant.

»Die Narbe! Was war das?«, fragte die Schildkröte erneut und zeigte dabei mit dem Kopf auf seinen lädierten Fuß.

»Festgebunden«, kam es einsilbig zurück.

Dieser Neue wirkte so traurig, dachte die Schildkröte, irgendetwas war ganz und gar nicht in Ordnung mit ihm. Vielleicht sollte ich ihm Gesellschaft leisten. Gedacht, getan. Eine halbe Stunde später lag sie neben ihm und zog müde den Kopf ein, um sich erst mal ein Weilchen von dem anstrengenden Weg auszuruhen.

Als sie etwas später am Tag wieder erwachte und genüsslich den Kopf aus dem Panzer reckte und streckte, stand der Elefant noch immer am selben Fleck.

Ich muss ihn irgendwie in Bewegung bringen, dachte sie, sonst schlägt der da noch Wurzeln.

»Ich geh rüber zum Wasser. Kommst du mit?«

»Geht nicht«, seufzte er.

»Wieso nicht?«

»Festgebunden.«

»Aber du bist doch gar nicht festgebunden!«, rief die Schildkröte irritiert.

»Doch«, antwortete der Elefant, während er seinen riesigen Kopf hin und her wiegte. »Festgebunden. Da!« Dabei deutete er mit seinem Rüssel auf sein hinteres rechtes Bein.

»Aber ich kann nichts erkennen. Da ist kein Strick. Kein Seil. Keine Kette. Du bist nicht festgemacht.«

Der Elefant schnaubte nur traurig und blieb dabei: »Doch, doch. Das kannst du mir glauben. Ich bin schon alt und weiß Bescheid. Die haben mich an einen Pflock gebunden.«

Da dämmerte es der Schildkröte. Einer der Elefanten aus der Herde hatte einmal erzählt, dass Tiere, die von klein auf angebunden wurden und lange vergeblich versucht haben, sich zu befreien, ihre Fesseln irgendwann akzeptieren – selbst wenn sie gar nicht mehr festgebunden sind. Sie tun das, weil sie nicht mehr wissen, wie viel Kraft sie haben.

»Hast du mal versucht, den Strick zu zerreißen oder den Pflock aus der Erde zu ziehen?«, fragte die Schildkröte listig. »Du bist doch so ein riesiger, starker Elefant und bloß an einem kleinen Holzpflock festgezurrt. Den ziehst du doch locker raus. Versuch's mal!«

Der Elefant schnaubte nur und blieb stumm stehen.

»Hm, du Armer!« sagte die Schildkröte und zog den Kopf ein, um im Stillen nachzudenken.

Ein paar Tage später ließen die Wärter die anderen Elefanten ins Gehege. Schließlich hatte der Neuankömmling genug Zeit gehabt, um sich in aller Ruhe an seine neue Umgebung zu gewöhnen.

Unter viel Lärm und Getöse rannte die Gruppe zum Wasserloch. Neugierig schaute sie immer wieder zu dem Neuen herüber, der am Rand des Geheges stand.

Die Schildkröte, die immer noch neben ihm lag, erwachte von dem Getröte und Gescharre der Herde und reckte ihren Kopf aus dem Panzer.

»He, Besuch für dich!«, rief sie ihrem neuen Freund zu.

Der Elefant stand nur da und schaute immer wieder mit glänzenden Augen zu seinen Artgenossen hinüber, die mittlerweile im Wasser plantschten.

»Du warst wohl lange alleine, was?«

»Ja. Sehr lange«, flüsterte der Elefant, machte mit einem Vorderbein einen kleinen Schritt auf die anderen zu, blieb dann jedoch wieder wie angewurzelt stehen.
»Willst du nicht zu ihnen gehen?«, fragte die Schildkröte.
Der Elefant schaute nur traurig und schwieg.
Das war der Moment, in dem die Schildkröte beschloss, etwas zu unternehmen. Langsam, aber zielstrebig schob sie sich aufs Wasser zu. Fast eine Stunde war sie unterwegs, bis sie zu einer alten Elefantendame gelangte, mit der sie sich lange unterhielt. Danach machte sie sich auf den Rückweg zu dem einsamen Elefanten
»Sie findet dich interessant«, sagte sie, als sie eine weitere Stunde später endlich bei ihm angekommen war.
»Was? Sie? Mich? Wie?«, stammelte der Elefant aufgeregt. Zaghaft schaute er hinüber, um die Dame etwas genauer in Augenschein zu nehmen. Sie war sehr gut gebaut, hatte einen wunderbar kräftigen Hintern und zwei herrlich lappige Ohren. Und erst ihre Haut – so schön knittrig!
»Gefällt sie dir etwa?«
»Ach quatsch!«, trötete der Elefant, konnte dabei aber kaum seine Augen von der grauen Schönheit lassen.
»Na, dann kann ich mich ja beruhigt zurückziehen«, feixte die Schildkröte und zog den Kopf ein.
Ein paar Stunden später wurde sie von einem Flüstern und Tuscheln und Kichern geweckt. Als sie den Hals aus ihrem Panzer reckte, traute sie ihren Augen kaum. Neben dem alten Dickhäuter stand die attraktive Elefantendame. Die beiden flirteten miteinander.
»Du, ich bin durstig«, hörte sie die Dame sagen. »Komm, wir flanieren rüber zum Wasser.«
»Nein, nein«, entgegnete der Elefant. »Geh ruhig allein, ich bleibe lieber hier.«
Am Wasserloch angekommen, stolperte die Elefantendame auf einmal und fiel kopfüber ins Wasser. Sie strampelte mit den Füßen in der Luft, dass es nur so spritzte und schäumte, und trötete lautstark um Hilfe.

Jetzt wird's spannend, dachte die Schildkröte und schaute zu ihrem faltigen Freund. Der starrte erschrocken und mit offenem Maul zum Ort des Geschehens. Doch schon einen Moment später hörte sie ein mächtiges Schnauben und sah, wie der Elefant an ihr vorbeiraste. Die Erde bebte unter seinen schweren Schritten. Er stürzte sich ins Wasser, drückte mit seiner ganzen Kraft die Elefantendame Richtung Ufer und stemmte sie hoch. Danach kam er selbst aus dem Wasser und half ihr aufzustehen. Als sie wieder etwas Luft geschnappt hatte, legte die Elefantendame ihren Rüssel zärtlich um den Rüssel ihres Retters und lehnte ihre Stirn gegen die seine. Minutenlang blieben sie so stehen. Dann trotteten sie gemeinsam zur Herde.

Zufrieden zog die Schildkröte den Kopf in ihren Panzer, denn nach all dem Trubel war es Zeit für ein Nickerchen.

Warum die Alten unsere Rettung sind

Natürlich, Sie haben es erkannt. Der Elefant in dieser Geschichte steht für unsere alternde Gesellschaft. Sie können ihn aber auch als Stellvertreter für einen Menschen sehen, der vor der schwierigen Aufgabe steht, auf seine alten Tage noch mal über seinen Schatten zu springen.

Die Schildkröte, das sind die Weisen unter uns, die den großen Zusammenhang sehen und wissen, dass nichts so bleiben muss, wie es war.

Und die Elefantendame? Sie steht für eine neue Zukunft, in der niemand am Rand der Gesellschaft stehen muss und die Alten wieder jung, vital und leistungsfähig sind und selbst in hohem Alter noch etwas Neues anfangen dürfen. Manchmal muss uns die attraktive Zukunft allerdings ein wenig überlisten, damit wir uns von der Stelle bewegen ...

Da geht es uns wie den Elefanten. Sie werden schon als Jungtiere mit schweren Eisenketten an mächtige Bäume gekettet. Die Kleinen zerren und zerren an ihren Fesseln, sind aber noch nicht stark genug, um sich zu befreien. Irgendwann ergibt sich der Elefant seinem Schicksal, weil in seinem Kopf eine Programmierung stattgefunden hat: Ich kann nicht weg, ich bin fest angebunden.

Obwohl ausgewachsene Elefanten so stark sind, dass sie sogar Bäume ausreißen können, genügt am Ende ein dünnes Seil, das lediglich über einen Ast gelegt wird, um sie festzubinden.

Ich kann nicht sagen, ob diese Geschichte der Realität entspricht. Wenn Sie einen Elefantenführer kennen, der sie bestätigen oder widerlegen kann, schreiben Sie mir gerne auf Facebook!

So oder so gefällt mir aber der Gedanke, dass viele unserer »Wahrheiten« in Wirklichkeit nichts als Glaubenssätze sind. Und Glaubenssätze lassen sich löschen beziehungsweise ändern.

Wir glauben, dass alte Menschen in Rente gehen müssen. Wir glauben, dass alte Menschen weniger leistungsfähig sind. Wir glauben, dass alte Menschen nicht noch mal die Arbeit wechseln sollten oder den Wohnort oder die Lebenspartnerschaft. Das alles ist jedoch nicht wirklich wahr. Diese Glaubenssätze sind nur eingebildete Fesseln – wir könnten genauso gut etwas anderes glauben.

Ich bin davon überzeugt, dass es an der Zeit ist, an die Alten zu glauben! Anstatt uns den Kopf zu zerbrechen, wie die wenigen Jungen die vielen Alten bezahlen – eine eingebildete Fußfessel! –, sollten wir den Alten zutrauen, sich produktiv in den Wirtschaftskreislauf einzubringen und nicht nur zu nehmen, sondern auch zu geben. Wenn die Erwerbsquote der alten Menschen steigt und sie sich nützlich machen, anstatt auf der Couch zu liegen, erledigt sich das Finanzierungsproblem von selbst. Wie viele verschiedene Möglichkeiten es dafür gibt, habe ich im zweiten Teil des Buches demonstriert.

Ich glaube, wie der Schluss der Elefantengeschichte zeigt, an ein Miteinander der Generationen: Der alte Elefant geht am Ende zu den anderen hinüber und nimmt an ihrem Treiben teil. Die größte Stärke unserer Gesellschaft in den nächsten Jahrzehnten wird sein, dass die Jungen und die Alten sich gegenseitig perfekt ergänzen. Wir dürfen nicht mehr auf die Qualitäten der alten Menschen verzichten! Wir brauchen sie mehr denn je.

Wenn wir unsere eingebildeten Fußfesseln abstreifen und den Pakt der Generationen neu überdenken – und das werden wir, weil wir gar keine andere Wahl haben –, dann liegen goldene Jahre vor uns. Ich bin sicher: *Die besten Jahre kommen erst!*

Literatur

Daniels, Katharina; Engeser, Manfred und Hollmann, Jens: *Sieg der Silberrücken.* Beruflicher Richtungswechsel in der Lebensmitte. Zehn Neustarter verraten ihr Erfolgsgeheimnis. Wien: Linde, 2013

Dychtwald, Ken: *The Power Years.* A User's Guide to the Rest of Your Life. Hoboken, New Jersey: John Wiley, 2005

Dychtwald, Ken und Flower, Joe: *Age Wave.* The Challenges and Opportunities of an Aging America. Los Angeles, CA: Tarcher, 1989

Förster, Anja und Kreuz, Peter: *Hört auf zu arbeiten!* Eine Anstiftung, das zu tun, was wirklich zählt. München: Pantheon, 2013

Giger, Andreas: *Werte im Wandel.* Ergebnisse einer Online-Umfrage (in Zusammenarbeit mit Lothar Seiwert). Bericht vom 19. April 2013, www.spirit.ch

Gross, Günter F.: *Älter werden Sie. Jung bleiben Sie!* Bewahren Sie Ihre Jugendlichkeit. München: Olzog, 2013

Grün, Anselm: *Die hohe Kunst des Älterwerdens.* München: Deutscher Taschenbuch Verlag, 2010

Grün, Anselm: *Gelassen älter werden:* Eine Lebenskunst für hier und jetzt. 4. Aufl. Freiburg: Herder, 2011

Jonasson, Jonas: *Der Hundertjährige, der aus dem Fenster stieg und verschwand* (Roman). 34. Aufl. München: Carl's Books, 2011

Keith, Kent M.: *Anyway.* Die paradoxen Gebote. München: Irisiana, 2013

Klie, Thomas: *Wen kümmern die Alten?* Auf dem Weg in eine sorgende Gesellschaft. München: Pattloch, 2014

Korte, Martin mit Gaby Miketta: *Jung im Kopf:* Erstaunliche Einsichten der Gehirnforschung in das Älterwerden. 5. Aufl. München: Deutsche Verlags-Anstalt, 2012

Life, Jeffry S.: *Mastering the Life Plan.* The Essential Steps to Achieving Great Health and a Leaner, Stronger, and Sexier Body. New York, NY: Atria 2013

Life, Jeffry S.: *The Life Plan.* How Any Man Can Achieve Lasting Health, Great Sex, and a Stronger, Leaner Body. New York, NY: Atria 2011

Mika, Bascha: *Mutprobe:* Frauen und das höllische Spiel mit dem Älterwerden. München: C. Bertelsmann, 2014

Morgenstern, Julie: *Organizing from the Inside Out:* The Foolproof System for Organizing Your Home, Your Office and Your Life. 2. Aufl. New York, NY: Holt, 2004

Prosinger, Wolfgang: *In Rente:* Der größte Einschnitt unseres Lebens. Reinbek b. Hamburg: Rowohlt, 2014

Riederle, Philipp: *Wer wir sind und was wir wollen.* Ein Digital Native erklärt seine Generation. München: Knaur, 2013

Schechner, Erich: *War's das?* Die Sinnfrage in der zweiten Lebenshälfte. München: Kösel, 2013

Scherf, Henning mit Uta von Schrenk: *Altersreise.* Wie wir altern wollen. Freiburg i. Br.: Herder, 2014

Scherf, Henning mit Uta von Schrenk: *Mehr Leben:* Warum Jung und Alt zusammengehören. Freiburg i. Br.: Herder, 2013

Scheuermann, Ulrike: *Wenn morgen mein letzter Tag wär.* So finden Sie heraus, was im Leben wirklich zählt. München: Knaur, 2013

Schirrmacher, Frank: *Das Methusalem-Komplott:* Die Menschheit altert in unvorstellbarem Ausmaß. Wir müssen das Problem unseres eigenen Alterns lösen, um das Problem der Welt zu lösen. 2. Aufl. München: Heyne, 2005

Schmid, Wilhelm: *Gelassenheit:* Was wir gewinnen, wenn wir älter werden. Berlin: Insel, 2014

Seiwert, Lothar: *Ausgetickt: Lieber selbstbestimmt als fremdgesteuert.* Abschied vom Zeitmanagement. 2. Aufl. München: Ariston, 2011

Seiwert, Lothar: *Die Bären-Strategie:* In der Ruhe liegt die Kraft. 7. Aufl. München: Ariston, 2011

Seiwert, Lothar: *Lass los und du bist Meister deiner Zeit.* Mit Konfuzius entschleunigen und Lebensqualität gewinnen. 3. Aufl. München: Gräfe und Unzer 2014

Seiwert, Lothar: *Wenn du es eilig hast, gehe langsam.* Mehr Zeit in einer beschleunigten Welt. 16. Aufl. Frankfurt und NewYork: Campus, 2012

Seiwert, Lothar: *Zeit ist Leben, Leben ist Zeit.* Die Probleme mit der Zeit lösen // Die Chancen der Zeit nutzen. 2. Aufl. München: Ariston, 2013

Tornstam, Lars: *Gerotranscendence:* A Developmental Theory of Positive Aging. New York: Springer, 2005

Tropper, Doris: *Hätte ich doch ...* Von den Sterbenden lernen, was im Leben wirklich zählt. 2. Aufl. München: MVG, 2012

Walsch, Neale Donald: *Was wirklich wichtig ist.* Neue Gespräche mit der Menschheit. Berlin: Allegria, 2013

Ware, Bronnie: *5 Dinge, die Sterbende am meisten bereuen.* Einsichten, die Ihr Leben verändern werden. 12. Aufl. München, Arkana, 2013

Welser, Maria von: *Heiter weiter!* Vom glücklichen dritten Leben. München: Südwest, 2012

Wittmann, Marc: *Gefühlte Zeit.* Kleine Psychologie des Zeitempfindens. 3. Aufl. München: C. H. Beck, 2014

Zimbardo, Philip und Boyd, John: *Die neue Psychologie der Zeit* und wie sie Ihr Leben verändern wird. Heidelberg: Spektrum, 2009

Wöchentlicher Newsletter (kostenlos!)

SEIWERT-TIPP: 1 Minute lesen für 1 Woche in Balance.
Ihr persönliches Erfolgscoaching mit jeweils einem konkreten Tipp zu den vier Lebensbereichen Job, Kontakt, Body & Mind. Kurzer, knapper e-Newsletter mit praktisch umsetzbarem Sofort-Nutzen (*kostenlos*, erscheint wöchentlich), zu abonnieren unter: www.Lothar-Seiwert.de

Social Media

Follow me on **twitter**:
www.twitter.com/Seiwert

Become a fan on **Facebook**:
www.facebook.com/Lothar.Seiwert

Register

A

Agilität 116–121
Alter 51, 175 f.
 – ausgrenzen 150 ff.
 –, Einstellung zum 33, 98 f.,
  103, 115, 149, 178
 –, Kampf gegen 146–150
Altersarmut 36
Altersaufbau/-pyramide 25 ff.
Altersforschung 197 f.
Alterssimulator 220 f.
Altersteilzeit 151
Ältestenrat 193 f.
Anti-Aging 152 f.
Arbeit, Einstellung zur 215
Arbeitskräfte 41 ff., 135–144
 –, Frauen als 82 f.
Arbeitszeit 127–132, 204–211

B

Babyboomer 25 ff., 33, 43, 222
Beckenbauer, Franz 68, 107 ff., 133 f.
Bedeutungslosigkeit 105
Benedikt XVI., Papst 170
Berger, Helmut 55 f.
Bevölkerungsentwicklung 29
Bevölkerungszahl 42 f.

C

Clinton, Bill 111, 190

D

Dojo 132 ff.
Durchschnittsalter 28 ff., 80, 90,
  154, 196

E

Eagleman, David 173 f.
Ehrenamt 180, 182 f., 186, 192 f.
Einstellung, innere 119
Erwerbsquote 142 f., 231

F

Ferguson, Sir Alex 168 ff.
Finkbeiner, Felix 115 f.
Fischer, Joschka 111

Flexibilität 63, 127 f., 131 f., 135 f.
Freiheit 53, 57 f., 63, 75, 106 f., 127,
  158, 168, 184, 207, 216
Freiwilligkeit 105, 124 f., 128 f.,
  182–186, 188

G

Gebrechlichkeit 219 ff.
Geburtenkurve 27 f., 33
Generation Y 126 f., 222
Generationenkonflik 74–92
Generationenpakt 222 f.
Generationenvertrag 79, 126
Genscher, Hans-Dietrich 68 f.
Gerontophobie 70
Gerotranszendenz 160
Gesundheit 38 ff., 118 f., 154, 157
Glück 155

H

Heesters, Johannes »Jopi« 111
Heynckes, Jupp 211 ff.
Hilflosigkeit 219 ff.
Hoyerswerda 79 f.

J

Jobsharing 131
Jürgens, Udo 112

K

Kitaausbau 82
Klöckner, Bernd 181
Koch, Roland 111
Kultur 175 f.
Kurator 199 ff.

L

Lagerfeld, Karl 68, 139
Lebenserfahrung 115, 188
Lebenserwartung 32 ff.
Lebenskunst 157
Lebensmodell, integrales 109 ff.
Lebensplan 103–113
 –, lineare 105 f.
 –, zyklischer 106 f.

Lebensstandard 76 f.
Lemke, Wilfried »Willi« 111
Lernen 133 ff.
Life, Jeffry 118 f.
Lipps, Ben 139
Logan's Run 74 ff.

M

Maffay, Peter 112
Mannesmann 164 ff., 204
Mayer, Marissa 209 f.
Mentor 188 ff.
Mourinho, José 168 f.
Müntefering, Franz 84

P

Pappa ante Portas 104 f.
Personalkosten 44 f.
Pflegebedürftigkeit 51–55, 62
Pflichtjahr, soziales 179–186
Pillenknick 27
Plattner, Hasso 139 ff.
Politik 65 f., 78, 82 ff., 98 f., 101 f.
Porth, Wilfried 138
Precht, Richard David 179 ff., 183 f., 186
Pro Aging 152 ff.
Produktivitätszuwachs 41, 44, 86 f., 206

R

Reglementierung 57 f., 184 f., 188
Renten-/
Pensionierungsschock 64, 104, 113
Renten-
eintrittsalter 35, 62–66, 83 f., 112 f., 150 f., 198 f.
Rentenschwellenangst 62–66
Rentensystem 33–38, 83 f., 143
Respekt 60 f.
Rollstuhl 51 ff.

S

Sachs, Gunter 49 f., 71
Schmidt, Helmut 68, 109 f., 119
Schröder, Gerhard 111
Schul-/Studienzeitverkürzung 82
Selbstbestimmung 48 ff., 57 f., 63, 184, 215 f.
Selbstständigkeit 158
Selbstverantwortung 101 f., 167, 170
Senator 191 ff.
Seniorendorf 90
Signifikanz 217 f.
Sinnfindung 218 f.
Sklavenhaltung 215 ff.
Souveränität 109, 161, 166–171, 188, 198
Spahn, Jens 84
Stone, Sharon 146 ff., 150

T

Tutor 194 ff.

V

Veränderungen,
gesellschaftliche 96 ff.
Verfall, geistiger 48 ff., 56 f.

W

Wandel, demografischer 17, 24 ff.
Werte 154–164
Wertewandel 155 ff.
Wirtschaft 41, 43 f., 65, 77 f., 86, 97 f., 124–144, 148–152
Würde 48, 50, 61 f., 66–71, 76, 183

Z

Zeitgefühl 172 ff.
Zeitsouveränität 188, 198
Zufriedenheit 155 ff.

LOTHAR.SEIWERT
ZEITNAH

Lothar-Seiwert.de

„Die beste Zeit Ihres Lebens ist genau JETZT!"

PROF. DR. LOTHAR SEIWERT, CSP, CSPGLOBAL

DER KEYNOTE-SPEAKER FÜR ZEIT- UND LEBENSMANAGEMENT

Lothar Seiwert ist …
- einer der renommiertesten Top-Keynote-Speaker
- der Höhepunkt Ihrer Veranstaltung
- Europas führender Experte für Zeit- und Lebensmanagement
- mehrfacher Bestsellerautor
- zahlreich ausgezeichnet
- eine starke Persönlichkeit, die überrascht und verblüfft

Lothar Seiwert hat …
- das höchste Qualitätssiegel für Vortragsredner – den Certified Speaking Professional (CSP)
- hat in 2013 die Auszeichnung CSPGlobal von der Global Speakers Federation erhalten
- als erster Deutscher die Auszeichnung des internationalen Trainingspreises ‚Excellence in Practice' der ‚American Society for Training and Development' (ASTD) erhalten
- in Zusammenarbeit mit Werner Tiki Küstenmacher den Weltbestseller ‚Simplify your Life' geschrieben
- einen Faible für Eisbären

Themen
- Simplify Your Time: Einfach mehr Zeit haben
- Life-Leadership®: Wenn du es eilig hast, gehe langsam
- Work-Life-Balance: Sinnvolles Selbstmanagement für ein Leben in Balance
- Zeit ist Leben, Leben ist Zeit: Zeit, dass sich was dreht
- Slow Down to Speed Up

Publikationen (Auswahl)
- Lass los und du bist Meister deiner Zeit
- Zeit ist Leben, Leben ist Zeit: Die Probleme mit der Zeit lösen
- Ausgetickt: Lieber selbstbestimmt als fremdgesteuert
- Simplify your Time: Einfach Zeit haben
- Simplify your Life (zus. mit Werner Tiki Küstenmacher)
- Wenn du es eilig hast, gehe langsam
- Die Bären-Strategie: In der Ruhe liegt die Kraft
- Noch mehr Zeit für das Wesentliche
- Das neue 1x1 des Zeitmanagement

UCHEN SIE **Lothar Seiwert:** 07000-734 93 78 oder 07000-SEIWERT

/Lothar.Seiwert /Seiwert /profile/Lothar_Seiwert info@seiwert.de

Mehr vom Zeit-Weisen Lothar Seiwert

AUSGETICKT
Lieber selbstbestimmt als fremdgesteuert

320 Seiten | Gebunden mit Schutzumschlag
ISBN 978-3-424-20058-4

Hörbuch (2 CDs) | Laufzeit: 146 Minuten
ISBN 978-3-424-20062-1

ZEIT IST LEBEN, LEBEN IST ZEIT
Die Probleme mit der Zeit lösen //
Die Chancen der Zeit nutzen

320 Seiten | Klappenbroschur
ISBN 978-3-424-20075-1

Gelesen von Oliver Kalkofe

DAS NEUE ZEIT-ALTER
Warum es gut ist, dass wir immer älter werden

Hörbuch (2 CDs) | ISBN 978-3-424-20113-0

»Dieses Buch werden alle mit Gewinn lesen, die merken, dass sie auf dem falschen Gleis sind ...« *Computerwoche*

Leseprobe unter www.ariston-verlag.de